DROIT ROMAIN

DE LA
CURATELLE DU PRODIGUE & DU FOU
ENVISAGÉE AU POINT DE VUE HISTORIQUE

DROIT FRANÇAIS

DES EFFETS
DE LA
DÉCLARATION D'ABSENCE

THÈSE POUR LE DOCTORAT

PAR

Adolphe ROUSSEAU
JUGE AU TRIBUNAL CIVIL DE SAUMUR

PARIS

LIBRAIRIE NOUVELLE DE DROIT ET DE JURISPRUDENCE

ARTHUR ROUSSEAU, ÉDITEUR
14, RUE SOUFFLOT ET RUE TOULLIER, 13

1892

THÈSE

POUR LE DOCTORAT

FACULTÉ DE DROIT DE PARIS

DROIT ROMAIN

DE LA

CURATELLE DU PRODIGUE & DU FOU

ENVISAGÉE AU POINT DE VUE HISTORIQUE

DROIT FRANÇAIS

DES EFFETS

DE LA

DÉCLARATION D'ABSENCE

THÈSE POUR LE DOCTORAT

L'ACTE PUBLIC SUR LES MATIÈRES CI-APRÈS
Sera soutenu le Lundi 13 Juin 1892. à 2 heures et demie.

PAR

Adolphe ROUSSEAU

JUGE AU TRIBUNAL CIVIL DE SAUMUR

Président : M. RENAULT.

Suffragants :
MM. LÉVEILLÉ, *professeur.*
PLANIOL,
SAUZET, *agrégés.*

PARIS

LIBRAIRIE NOUVELLE DE DROIT ET DE JURISPRUDENCE

ARTHUR ROUSSEAU, ÉDITEUR

14, RUE SOUFFLOT ET RUE TOULLIER, 13

1892

A LA MÉMOIRE DE MA MÈRE

A MON PÈRE

DROIT ROMAIN

DE LA

CURATELLE DU PRODIGUE & DU FOU

ENVISAGÉE AU POINT DE VUE HISTORIQUE

INTRODUCTION

Notre Code civil s'est préoccupé d'assurer une protection efficace à ceux qui, soit à raison de leur âge et de leur inexpérience, soit à raison de leur faiblesse d'esprit ou de l'altération de leurs facultés mentales, se trouvent dans l'impossibilité de gérer et d'administrer leurs biens. Le législateur français a cru qu'il avait le droit et le devoir d'intervenir pour empêcher ces personnes de gaspiller follement leur patrimoine. De là, dans notre droit, l'institution et la réglementation de la tutelle, de l'interdiction et du conseil judiciaire. Spécialement, le Code civil frappe d'interdiction les personnes atteintes d'aliénation mentale ; il leur enlève l'exercice

de leurs droits civils et les place en tutelle. De plus notre loi donne au faible d'esprit et au prodigue une sorte de curateur, chargé de les assister dans l'accomplissement des actes de la vie civile : c'est le conseil judiciaire.

La plupart des législations modernes s'inspirent des mêmes idées. C'est ainsi que l'Allemagne (1), l'Autriche (2), l'Espagne (3), l'Italie (4), la Hongrie (5), etc. etc., frappent les prodigues et les fous d'une incapacité plus ou moins étendue, et les placent en tutelle ou en curatelle. Toutefois la législation anglaise n'interdit pas les prodigues ; elle a pensé que toute personne saine d'esprit peut user comme elle l'entend de sa fortune (6). De même la loi russe n'autorise pas expressément la mise en tutelle ou en curatelle des prodigues ; mais, en fait, l'autorité judiciaire peut intervenir (7).

Quoi qu'il en soit, c'est uniquement dans l'intérêt de l'incapable que notre loi et les autres législations étrangères analogues interviennent et édictent leurs règles protectrices. Telle est la seule considération qui les guide. C'est là une proposition qui ne peut être contestée.

---

(1) Loi du 5 juillet 1875 (*Annuaire de législation étrangère*, 1876, p. 421 et suiv.) ; Code de procédure civile allemand de 1877, traduit par Glasson.

(2) Code civil autrichien de Clercq.

(3) Lehr, *Éléments du droit civil espagnol*, 2ᵉ part., nᵒˢ 194 et suiv.

(4) Code civil italien, art. 324 et suiv., de Huc et Orsier.

(5) *Annuaire de législation étrangère*, 1878, p. 234 et suiv.

(6) Lehr, *Éléments de droit civil anglais*.

(7) V. Delaporte, *De la condition du prodigue*, p. 458.

A Rome, aussi, nous trouvons des dispositions spéciales, établies en faveur de certaines personnes : impubères, adolescents mineurs de 25 ans, prodigues et fous. Ces individus étaient frappés d'une certaine incapacité. On leur enlevait l'administration de leurs biens. Ainsi la législation romaine édictait, comme la nôtre, des mesures protectrices à l'égard de certains incapables. Mais le motif qui guidait le législateur ancien, lorsqu'il établissait ces dispositions tutélaires, était tout différent de celui qui inspire aujourd'hui notre loi. La conception romaine à l'origine était l'opposée de la conception moderne. Le Code civil se préoccupe de l'intérêt de l'incapable ; le droit romain primitif de celui de la famille. L'idée ancienne ne s'est modifiée et transformée qu'à travers les âges.

C'est ce que nous montrera l'histoire de la curatelle du prodigue et du fou que nous allons essayer de retracer. Nous ne nous proposons pas d'étudier en détail toutes les règles de la législation romaine relatives à cette institution, un tel sujet excéderait les limites normales de notre travail. Ce que nous avons en vue, c'est l'évolution qu'a subie à Rome la curatelle du prodigue et du fou. Comme on l'a fait remarquer avec raison (1), la législation romaine a subi à travers les siècles une évolution incessante, en se perfectionnant sans cesse, et en s'adaptant merveilleusement à tous les besoins nou-

______
(1) Guillot, thèse, *Mancipation*. Lyon, 1890, p. 11.

veaux que faisaient naître les progrès de la civilisation.

Nous nous proposons de rechercher tout d'abord, dans cette étude, quelle était la théorie romaine primitive sur la curatelle des prodigues et des fous, puis de montrer comment elle s'est transformée peu à peu sous les efforts des praticiens romains pour aboutir à la théorie classique. Nous étudierons ensuite les règles de la curatelle du prodigue et du fou dans le dernier état de la législation romaine. Nous aurons ainsi parcouru les trois grandes phases de l'histoire de cette législation.

CHAPITRE PREMIER

DE LA CURATELLE DU PRODIGUE ET DU FOU DANS LE DROIT
ROMAIN PRIMITIF ET A L'ÉPOQUE DES XII TABLES.

Comme nous aurons l'occasion de le constater au cours
de notre travail, les sources ne nous fournissent que des
indications peu nombreuses sur le développement historique de la curatelle du prodigue et du fou en droit
romain. Si le Digeste nous donne des renseignements
assez complets sur l'organisation de cette curatelle à l'é-
poque classique, les indications que nous y trouvons, au
point de vue historique, sont bien peu nombreuses et
très vagues. Il faut citer surtout la loi 1 au Digeste, *De
curat. fur. et al.*, XXVII, 10 ; encore ce texte est-il sus-
pect d'interpollation. A côté de cette loi, se placent
quelques passages des règles d'Ulpien (Ulp., *Reg.*, XII ;
XX, 13) et des sentences de Paul (Paul., *Sent.*, III, 4ª,
§§ 6, 7, 11).

Les Inst1tutes de Gaius sont malheureusement muettes sur notre question, elles qui sont si précieuses pour
retracer les institutions de la Rome primitive. Aussi
bien des difficultés s'élèvent sur la formation historique
et le développement de la curatelle du prodigue et du fou

à Rome. Quant aux auteurs modernes, qui se sont préoccupés de la question, ils sont peu nombreux. Il faut citer surtout MM. Voigt (1), Ubbelohde (2), Pernice (3), et chez nous M. Audibert (4).

Section I.

§ I. — Origine coutumière de la curatelle du prodigue et du fou.
§ II. — Dispositions de la loi des XII Tables relatives à ces deux sortes d'incapables.

§ 1. — *Origine coutumière de la curatelle du prodigue et du fou.*

Nous savons d'une façon certaine que la curatelle du prodigue et du fou existait à Rome à l'époque des XII Tables. On interdisait les prodigues et on confiait l'administration de leurs biens à un curateur. La même situation était faite aux fous. C'est ce que plusieurs textes nous montrent formellement. Ainsi Ulpien nous dit : *Lege duodecim tabularum prodigo interdicitur bonorum*

---

(1) Voigt, *Das jus naturale*, Leipzig, 1875, t. IV, p. 122-129 ; et *Die Zwölf Tafeln*, Leipzig, 1883, t. II, p. 726 et suiv.

(2) Ubbelohde, *Uber die Handlungsfæhigkeit des prodigus und des minderjæhrigen nach gemeinem Rechte*, in *Zeitschrift fur das Privat und öffent. Recht* ; prof. Grünhut, Vienne, 1877, t. IV, p. 671-721.

(3) Pernice, *Labeo*, t. I, p. 237-239.

(4) *Etudes sur l'histoire du droit romain* par Adrien Audibert, professeur à la Faculté de Lyon, t. I, *La Folie et la prodigalité*, Paris, 1892. Cet ouvrage contient notamment plusieurs dissertations publiées par M. Audibert dans la *Nouvelle Revue historique de droit français et étranger*, année 1890, p. 521 et suiv., p. 846, et suiv ; année 1891 p. 310 et suiv. ; année 1892, p. 5 et suiv.

suorum administratio, quod moribus quidem ab initio in-troductum est (Ulp., lib. I, *ad Sabin.* : l. 1, pr. D. *de curat. fur. et al.* XXVII, 10). Ailleurs le même jurisconsulte ajoute : *Lex duodecim tabularum furiosum itemque prodigum cui bonis interdictum est, in curatione jubet esse agnatorum* (Ulp., *Reg.*, XII, 2). Enfin nous lisons dans les Institutes de Justinien : *Furiosi quoque et prodigi, licet majores viginti quinque annis sint, tamen in curatione sunt adgnatorum ex lege duodecim tabularum* (Instit., *De curat.*, I, 23, § 3).

Ainsi l'institution que nous étudions existait en droit romain, à l'époque des XII Tables qui la réglementaient. Il convient d'aller plus loin. La curatelle du prodigue et du fou n'était pas une création de la législation décemvirale. Elle avait pris naissance à une époque plus reculée. C'est ce qu'Ulpien nous indique formellement dans un des textes que nous venons de citer : *Quod moribus quidem ab initio introductum est* (Ulp., lib. I, *ad Sabin.* : l. 1, pr. D. *de curat. fur. et al.*), nous dit-il, en parlant de l'interdiction. Comme on le voit, le jurisconsulte romain rattache à la coutume primitive notre institution. La même idée ressort également d'un passage des Sentences de Paul, où est rapportée la formule même du décret rendu par le préteur contre les prodigues : *Moribus per prætorem bonis interdicitur hoc modo..* (Paul, *Sent.*, III, 4ª, § 7). Cette solution doit également être donnée pour la curatelle du fou.

La curatelle du prodigue et du fou remontait donc à la coutume primitive, aux *mores*. On peut même aller plus loin, comme on l'a fait remarquer avec raison (1). Nous montrerons dans un instant que l'incapacité du prodigue et du fou, dans le droit romain ancien, était fondée uniquement sur l'intérêt de la famille civile, et qu'elle se rattachait intimement à l'organisation de la *gens* antique. Dès lors, il est permis de conjecturer, non sans quelque vraisemblance, que, dans le droit de la Rome primitive, c'était l'assemblée même des *Gentiles* qui constatait l'état d'aliénation d'un chef de famille, ou qui le frappait d'interdiction à raison de sa prodigalité. C'est ainsi qu'a dû se former peu à peu avec le temps la coutume d'où devait sortir la disposition des XII Tables.

Quoi qu'il en soit, la curatelle du prodigue et du fou remontait jusqu'aux temps les plus reculés. Ce qui tend à le prouver encore, c'est qu'on retrouve des institutions analogues dans la Grèce ancienne, et chez les peuples gréco-italiques (2).

---

(1) V., notamment, Cuq, *Institutions juridiques des Romains*, 1891, p. 312-316 ; Audibert, *la Folie et la prodigalité*, p. 2, p. 80.

(2) Leist, *Græco-italische Rechtsgeschichte*, §§ 11 ; *Alt-arisches jus gentium*, § 64. — *Schœmann, Attisch. Prozess.*, p. 299 ; etc.

§ II. — *Dispositions de la loi des XII Tables relatives
au prodigue et au fou.*

Quoi qu'il en soit, les XII Tables réglementaient notre institution. Cicéron nous a même conservé un fragment de ces lois relatif à la curatelle du fou : *Si furiosus escit, adgnatum gentiliumque in eo pecuniaque ejus potestas esto* (Cicéron, *De invent.*, II, 50, 148 ; *Tuscul.*, III, 5, 11).

Quelle était la disposition des XII Tables concernant le prodigue ? Les sources sont muettes sur ce point. Il paraît tout d'abord probable que l'interdiction du prodigue était basée sur une disposition expresse de la loi des XII Tables et de plus distincte de celle qui était consacrée au *furiosus*.

On a essayé, il est vrai, de soutenir que le texte des XII Tables relatif au fou s'appliquait également au prodigue. D'après ce système, les praticiens romains auraient interprété d'une façon extensive la disposition en question, en établissant une assimilation entre les prodigues et les fous (Schœll, *leg. XII Tab. reliq.*, 1866, p. 130).

Cette solution n'a pas prévalu (1). On peut en effet invoquer contre elle d'excellentes raisons. Il est bien évident, tout d'abord, que la curatelle du prodigue serait nécessairement postérieure aux XII Tables si, comme

____

(1) V. notamment Rudorff, *Vormundschaft*, t. I, p, 129 ; Bruns Mommsen, *Fontes*, p. 22.

on le soutient, elle s'était introduite par voie d'interprétation. Les Prudents qui, par leur habileté juridique, devaient tant contribuer au développement et aux progrès du droit romain, se sont exercés sur le texte même de la législation décemvirale. Or nous avons montré un peu plus haut que la curatelle du prodigue remonte à la coutume primitive, bien avant la promulgation des XII Tables.

On peut invoquer, dans le même sens, le passage déjà cité des Règles d'Ulpien : *Lex duodecim tabularum furiosum itemque prodigum, cui bonis interdictum est, in curatione jubet esse agnatorum* (Ulp., *Reg.*, XII, 2).

Ne semble-t-il pas ressortir bien certainement de ce texte qu'il y avait dans la loi des XII Tables une disposition expresse relative au prodigue ?

Enfin, on peut faire valoir en faveur de la solution que nous soutenons une autre considération. Nous verrons plus tard que la curatelle légitime du fou, en droit romain, a été strictement renfermée dans les limites du texte légal. On ne l'a jamais étendue aux autres aliénés du droit romain, *mente capti* ou *dementes*. C'est le préteur qui, bien plus tard, organisa pour ces derniers ce qu'on a appelé une curatelle dative. Dans ces conditions, il paraît bien permis d'affirmer que la disposition des XII Tables relative au *furiosus* n'a pas été appliquée par analogie au *prodigus*.

Il y avait donc, dans la législation décemvirale, un texte exprès concernant le prodigue.

De plus, il est permis d'affirmer qu'une disposition unique ne s'appliquait pas aux deux sortes d'incapables dont nous nous occupons. La thèse contraire a été soutenue notamment par Jacques Godefroy (1).

D'après ce dernier auteur, le texte de la loi des XII Tables relatif au prodigue aurait été ainsi conçu : *si furiosus aut prodigus existat, ast ei custos nec escit, agnatorum gentiliumque in eo pecuniaque ejus potestas esto.*

A l'appui de la solution ainsi présentée, on ne peut invoquer que le texte d'Ulpien (*Reg.*, XII, 2) qui nous dit que la loi des XII Tables plaçait le fou et le prodigue sous la curatelle des agnats. Mais il ne résulte nullement de ce passage que la même disposition légale parlait à la fois du prodigue et du fou.

D'excellentes raisons militent en faveur de la thèse contraire. Nous aurons l'occasion de constater que des différences très nombreuses existaient entre la curatelle du fou et celle du prodigue. Dès lors, il semble bien évident que les mêmes expressions ne pourraient s'appliquer également aux deux curatelles.

A cet argument qui nous paraît décisif, on peut ajouter une autre considération. Nous avons déjà dit que

(1) Godefroy, *Fraqm. XII Tabul.* (V. Otto, *Thesaurus*, III, p. 171). Son opinion a été suivie par Delaporte, *De la condition du prodigue*, thèse Paris, 1881, p. 22 et suiv. ; Bouchaud, *Commentaire sur la loi des XII Tables*, t. I, p. 512.

c'est Cicéron qui nous a conservé le texte des XII Tables
frappant le fou d'interdiction (Cicér., *Tuscul.*, III, 5, 11 ;
— *De invent.*, II, 50, 148). Or l'écrivain latin fait allusion seulement au *furiosus* et ne parle pas du *prodigus*.
Pourquoi veut-on alors corriger le texte latin et y ajouter des expressions qui n'y figurent pas ?

Ainsi, nous croyons que la loi des XII Tables contenait une disposition expresse, particulière au prodigue.
Mais là s'arrêtent nos connaissances. Il est impossible
de dire avec quelque certitude en quoi consistait exactement la disposition légale.

Quelques auteurs, il est vrai, ont essayé, d'une façon
plus ou moins hypothétique, de reconstruire le texte des
XII Tables relatif au prodigue. C'est ainsi que quelques-
uns se sont appuyés, dans ce but, sur les termes du décret d'interdiction prononcé par le préteur contre le prodigue, et que nous étudierons plus loin. Il était ainsi
conçu : *Quando tibi bona paterna avitaque nequitia tua
disperdis liberosque tuos ad egestatem perducis, ob eam
rem tibi ea re commercioque interdico* (Paul., *Sent.*, III,
4ª, § 7).

On a pensé que les expressions qui se trouvent dans
le décret étaient précisément celles des XII Tables. Aussi
a-t-on proposé les reconstructions suivantes du texte de
ces lois concernant le prodigue : 1° *Si furiosus escit, ast
ei custos nec escit ; si prodigus escit, eique bonis paternis
avitisque interdictum escit, agnatorum gentiliumque in*

eo pecuniaque ejus potestas esto (Lambert, *De la curatelle des prodigues en droit romain*, Th. Paris, 1876).

2° *Qui sibi heredium nequitia sua disperdit liberosque suos ad egestatem perducit ea re commercioque prætor interdicito. In adgnatum gentiliumque curatione esto* (Voigt, *Das jus naturale*, t. IV, p. 129, n. 46).

Il est parfaitement possible, nous le reconnaissons, que la disposition des XII Tables relative au prodigue ait ordonné au préteur de prononcer le décret d'interdiction. Il se peut même qu'il y ait eu une certaine analogie entre les termes du décret et ceux du texte des XII Tables. Mais il n'en est pas moins vrai qu'il est impossible de connaître quelles étaient les expressions exactes employées par la disposition légale. Les reconstructions proposées sont de pures conjectures, sur lesquelles il est inutile d'insister.

Section II. — Organisation et effets de la curatelle du prodigue et du fou d'après la loi des XII Tables.

§ I. — Qui est prodigue et qui est fou. *a. Du prodigue.* Analyse de la formule du décret d'interdiction prononcé par le préteur contre le prodigue. *b. Du furiosus.*

§ II. — Le fou et le prodigue tombaient-ils en curatelle de plein droit ?

§ III. — Quels étaient les curateurs nommés à ces deux sortes d'incapables ?

§ IV. — A quels biens s'étendait la curatelle ?

§ V. — Capacité du prodigue et du fou.

§ VI. — Caractère de la curatelle du prodigue et du fou d'après la loi des XII Tables.

§ VII. — Comment cessait-elle ?

§ I. — *Qui est prodigue et qui est fou ?*

Des difficultés assez sérieuses s'élèvent sur ce point, surtout en ce qui concerne le *furiosus*. Nous commencerons à nous occuper du *prodigus*.

a. — Du prodigue.

Le droit romain primitif considérait comme prodigue l'individu qui dissipait follement les biens qui lui venaient de ses ancêtres, les *bona paterna avitaque*. C'est ce que nous révèle d'une façon évidente la formule même du décret d'interdiction prononcé par le préteur contre le prodigue : *Quando tibi bona paterna avitaque nequitia tua disperdis, liberosque tuos ad egestatem perducis, ob eam rem tibi ea re commercioque interdico* (Paul, *Sent.*, III, 4ª, § 7). Ces expressions énergiques nous montrent que celui-là, et celui-là seul, est prodigue qui dissipe follement l'héritage paternel. Tel est, en effet, le reproche que le préteur adresse à celui qu'il frappe pour prodigalité. Bien entendu, l'interdiction ne pouvait s'appliquer qu'au *paterfamilias suijuris* et non au fils de famille qui ne possédait pas de biens en propre.

Deux conditions étaient exigées par les jurisconsultes romains pour qu'un individu pût être considéré comme prodigue. Il fallait tout d'abord que cette personne se fût livrée à de folles dépenses. Le prodigue était celui qui jetait l'argent devant lui, nous dirions aujourd'hui par les fenêtres. C'est ce qu'indique l'étymologie du mot *prodigus (pro-digere)*. De nombreux textes nous montrent de la façon la plus nette que telle était bien la conception romaine (1). Le prodigue anéantit, dévore son patrimoine par une vie de désordres, en se livrant à ses passions et à ses caprices d'un moment. C'est l'individu *qui neque tempus neque finem expensarum habet, sed bona sua dilacerando et dissipando profudit* (l. 1, § 1, D., *de cur. fur.*, XXVII, 10); *in flagitiis perdit* (Aulu-Gelle, VI, 9); *male dissipat* (Ulpien, *Règles*, XII, 3); etc.

Le prodigue était par là même tout différent du *liberalis*, c'est-à-dire de l'individu qui se livre à des largesses inconsidérées, mais simplement par un esprit de générosité irréfléchie. Celui-là n'est pas un prodigue, parce qu'il n'est pas possédé par l'amour du luxe et des plaisirs. On ne peut lui reprocher le dérèglement de ses mœurs. C'est là une distinction que Cicéron fait parfaitement ressortir dans un passage intéressant du *De Officiis*, II, 16, 55-56 : *Omnino duo sunt genera largorum, quorum alteri prodigi, alteri liberales : prodigi, qui epulis et viscerationibus et gladiatorum muneribus, ludorum venationumque apparatu pecunias profundunt in eas res quarum memoriam aut brevem, aut nullam omnimodo sint relicturi ; liberales autem, qui suis facultatibus aut captos a prædonibus redimunt, aut æs alienum suscipiunt amicorum, aut in filiarum collocatione adjuvant, aut opi-*

(1) V. M. Audibert. *op. cit.*, p. 90 et suiv.

tulantur in re vel quærenda vel augenda. Comme on le voit, la conception que les jurisconsultes romains se sont faite de la prodigalité serait encore vraie de nos jours. On peut la transporter dans notre droit, et dire qu'aujourd'hui le prodigue est l'individu qui dissipe sa fortune en dépenses folles et excessives, et cela par dérèglement de mœurs.

D'autre part, pour être prodigue, il fallait dissiper des biens recueillis dans la succession paternelle, en qualité d'héritier *ab intestat.* La loi des XII Tables ne prenait aucune précaution pour empêcher un individu de gaspiller les biens que lui avait transmis son père par testament. Aussi Ulpien nous dit-il (*Reg.*, XII, 1, 3) que le prodigue de condition ingénue, lorsqu'il avait été institué héritier par son père, n'était pas placé en curatelle en vertu de la loi des XII Tables : .... *his enim ex lege curator dari non poterat, cum ingenuus quidem non ab intestato, sed ex testamento heres factus sit patri....*

De même, la loi des XII Tables ne mettait pas les affranchis en curatelle, pour cause de prodigalité, parce qu'il n'existait pas un lien de parenté civile entre l'affranchi et son père. Le premier ne pouvait être l'héritier *ab intestat* du second, les liens du sang n'étant pas reconnus par la loi entre les deux individus en présence. C'est ce qu'Ulpien nous apprend encore : .... *libertinus autem nullo modo patri heres fieri possit, qui nec patrem habuisse videtur cum servilis cognatio nulla sit.*

Concluons donc de tout ce qui précède que la loi des XII Tables considérait comme prodigues et plaçait en curatelle comme tels les individus qui gaspillaient les biens provenant de leurs ancêtres et qu'ils avaient recueillis dans la succession *ab intestat* de leur père.

Nous rechercherons un peu plus loin, au paragraphe V de cette section, la raison d'être et le fondement des règles que nous venons d'étudier (1).

b. — *Du Furiosus.*

A côté du prodigue, il faut placer le *furiosus*. A celui-là aussi la loi des XII Tables donnait un curateur. Mais qu'entendait-elle par *furiosus*? C'est là un point qui a soulevé d'assez grandes difficultés.

Le mot *furiosus*, dans la langue romaine, ne désignait pas indistinctement toute espèce d'aliénés. Nous le trouvons opposé aux expressions *demens* ou *mente captus*. Ce n'est pas à dire toutefois que nous ne trouvions pas encore dans les textes d'autres mots s'appliquant à l'alié-

---

(1) Pour qu'un individu, dans le système de la loi des XII Tables, pût être frappé d'interdiction comme prodigue, il n'était pas nécessaire, croyons-nous, que cet individu eût des enfants. Les textes n'exigent nullement cette condition. Le contraire a cependant été soutenu, mais à tort. V. à cet égard M. Audibert, p. 121 et suiv. — Faisons remarquer aussi que les impubères *sui juris* qui étaient en tutelle ne purent, à aucune époque du droit romain, être frappés d'interdiction pour cause de prodigalité (l. 3, pr., D., *De tutel.*, XXVI, 1). Pour les enfants pubères, mineurs de 25 ans, il est certain que la loi des XII Tables permettait de les interdire. Il en fut ainsi même après la création de la curatelle des mineurs. Ulpien fit prévaloir la doctrine contraire (l. 3, § 1, D., *De tutel.*, XXVI, 1). Nous ne pouvons insister sur ces points qui sortiraient des cadres de notre travail.

nation mentale. Ainsi les expressions *insania* et *insanus* étaient employées pour désigner la folie d'une manière générale (1). De même le mot *fanaticus* s'appliquait au délire religieux qui se produisait dans les temples *fana*(2). Le *freneticus* est en proie au délire déterminé par la fièvre (φρενιτις) (3).

Enfin, par *melancholicus* les textes désignaient d'ordinaire l'individu atteint d'une profonde tristesse et d'une sorte de maladie morale (μελαγχολια, *atra bilis*).

Mais les diverses expressions que nous venons d'indiquer avaient dans la langue romaine un sens spécial (4). Nous nous bornerons à étudier les mots *furiosus, mente captus* et *demens*.

Quand on analyse les textes juridiques, on voit que, dans beaucoup d'entre eux, les expressions *furiosus, demens, mente captus* sont employées indifféremment l'une pour l'autre, et considérées comme synonymes (L. 48, § 1, D., *de leg.* 2°, XXXI ; L. 14, D., *de off. præs.*, I, 18 ; L. 7, § 1, D., *de cur. fur.*, XXVII, 10 ; L. 4, D., *de divort.*, XXIV, 2 ; L. 3, § 1, D., *de tut.*, XXVI, 1 ; L. 2, C. *de cur. fur.*, V, 70 ; Festus, Vᵒ *Mente captus* ; Varon, *de re rustica*, I, 2, 8).

Il est évident que dans tous ces textes les mots *demens*,

---

(1) L. 7, § 3, D., *ad leg. jul. maj.*, 48, 4 ; l. 10, § 8, D., *De excus.*, 27, 1.

(2) L. 1, § 9, D., *de œdil. ed.*, 21, 1 ; Quintilien, II, 3.

(3) L. 1, § 9, D., *de œdil. ed.*, 21, 1 : *velui contingeret* φρενητικῷ, *quia edficī ex febribus acciderit.* Celse, *De medic.*, III, 18.

(4) Audibert, *op. cit.*, p. 11 à 14.

mente captus et *furiosus* sont employés d'une façon générique pour désigner l'aliénation mentale en général.

Il est, au contraire, d'autres textes dans lesquels les expressions *mente captus* et *demens* se trouvent opposées à celle de *furiosus*. Ainsi, dans ses Institutes (I, 23), Justinien nous dit au paragraphe 3 que la loi des XII Tables place en curatelle les *furiosi*, et immédiatement après, au paragraphe 4, il ajoute : *sed et mente captis et surdis et mutis... curatores dandi sunt*. De même, dans plusieurs passages du Digeste, le mot *demens* fait antithèse à celui de *furiosus* et il correspond alors à l'expression *mente captus* (1).

Les Romains distinguaient donc deux sortes d'aliénation mentale, la *furor* et la *dementia*. Il nous reste à déterminer en quoi consistait exactement chacune d'elles.

Sur ce point délicat plusieurs systèmes ont été proposés par les interprètes du droit romain. Pour nous, la distinction du *demens* et du *furiosus* existait déjà chez les Romains à l'époque de la législation décemvirale. Il y avait entre ces deux espèces de folie une différence de degré. Le *furiosus*, c'était l'individu complètement privé

---

(1) L. 25, C., *De nupt.*, V, 4.
L. 28, C., *De episc. aud.*, I, 4 ;
L. 2, D., *De inof. test.*, V, 2 ;
L. 27, § 5, D., *De receptis*, IV, 8 ;
L. 8, § 1, D., *De tut. et cur. dat.* XXVII, 10 ;
L. 6, D., *De curat. fur.*, XXVII, 10 ;
L. 25, C., *De nupt.*; V, 4 :
L. 28, C., *De episc. aud.*, I, 4.

d'intelligence, le fou proprement dit. Le *demens* ou le *mente captus*, au contraire, était bien moins atteint ; son état présentait moins de gravité. C'était un faible d'esprit, conservant, mais à un degré infime, la faculté de comprendre (1).

En réalité, la loi des XII Tables établissait entre le *furiosus* et le *demens* une distinction analogue à celle que notre Code civil établit entre l'individu atteint d'aliénation mentale qui est frappé d'interdiction (art. 489), et le faible d'esprit à qui la loi donne un conseil judiciaire. Seulement la loi des XII Tables, peu inspirée par des idées d'humanité, ne s'était pas préoccupée du faible d'esprit.

Les textes confirment d'une façon très nette la thèse que nous venons d'exposer. D'après eux, le *furiosus* ne comprend rien, *non intelligit quod agit* (Gaius, III, 106 ; Inst., *De inut stip.*, III, 19, § 3). Il n'a aucun entendement, *nullum habet intellectum* (Inst. *De inut, stip.*, III, 19, § 10); *sensum non habet* (L. 5, D., *De reg. juris*, 1, 17; L 22, § 7, D., *Solus mat.*, XXIV, 3). De même, le *furiosus* ne peut donner aucun consentement : *nec furiosi ullum esse consensum* (L. 2, C., *De contr. empt.*, IV, 38). Aucune volonté ne se manifeste chez lui : *furiosi... nulla*

______

(1) Ce système est enseigné surtout en Allemagne. Voir en ce sens Savigny, *Syst.*, trad. Guenoux, t. III, p. 84-86 n. i. ; Pernice, *Labeo*, t. I, p. 235 ; Arndts, *Pandekt.*, § 37; Glück, *Pandekt.*, XXXIII, p. 241-245; Windscheid, *Pandekt.*, t. I, § 54, n°s 11-13; t. II, § 446, n° 3; Rudorff, *Vormundschaft*, t. I, p. 118-123.

volontas est (L. 40, D., *De reg. juris*, I, 17 ; L. 47, D., *De adq. vel om. her.* XXIX, 2). Il ne peut accomplir aucun acte juridique, *nullum negotium gerere potest* (Inst., III, 19, *De inut. stip.*, 8 ; l. 1, § 12, D., *De oblig. et act.*, XLIV, 7 ; l. 70, § 4, D., *De fidej.*, XLVI, 1, etc.). D'autres jurisconsultes comparent le *furiosus* à un *infans* privé d'intelligence (*infans et qui infanti proximus est non multum a furioso distant, quia hujus ætatis pupilli nullum habent intellectum.* Inst., *De inut. stip.*, III, 19, § 10) ; à un mort (*Si mortuus fueris... vel furore cæperit*, L. 24, § 1, D., *Dat. rem. hab.*, XLVI, 8) ; à un absent (*furiosus... absentis loco est*, L. 17, § 11, D., *De injur.*, XLVII, 10 ; L. 124, § 1, D. *De reg. juris*, I, 17).

Ces nombreux textes nous montrent d'une façon évidente quelle était la conception romaine du *furiosus*, et confirment le système que nous défendons. On peut invoquer aussi en sa faveur un passage de Cicéron, des plus importants, tiré des Tusculanes et qui fait bien ressortir la différence qui existait entre le *furiosus* et le *demens*. Dans le texte en question, l'écrivain latin, nous parlant des XII Tables, nous dit : *Itaque non est scriptum*, si insanus, *sed* si furiosus escit ; *stultitiam enim consuerunt, constantia id est sanitate vacantem, posse tamen tueri mediocritatem officiorum et vitæ communem cultum atque usitatum. Furorem autem esse rati sunt mentis ad omnia cæcitatem. Quod quum majus esse videatur, quam insania, tamen ejusmodi est, ut furor in sapientem cadere possit, non possit insania* (Cic., *Tusc.*, III, 5). Nous traduisons : « Aussi les XII Tables ne portaient pas les mots : *si insanus*, mais bien *si furiosus escit*. Le législateur de cette époque a pensé que la simple sottise (*stultitia*), l'absence d'une santé parfaite de l'esprit ne suffisait pas pour justifier la mise en curatelle, parce qu'elle n'enlevait pas la capacité nécessaire pour accomplir les actes ordinaires de la vie. Au contraire, la loi des XII Tables considérait la *furor* comme un aveuglement complet de l'esprit (*mentis ad omnia cœcitas*). Cette affection, bien plus violente que la première (c'est-à-dire l'*insania*), peut atteindre le sage, toujours exempt de l'autre ».

Ainsi, dans le passage que nous venons de rapporter, Cicéron nous dit que la loi des XII Tables distinguait d'une part la *furor*, c'est-à-dire la folie proprement dite, l'absence de toute intelligence, et d'autre part la simple faiblesse d'esprit (*stultitia, insania*). Ce texte nous paraît décisif en faveur de l'opinion que nous soutenons. On a essayé, il est vrai, de l'écarter en se fondant sur ce que Cicéron parle ici des maladies de l'âme (*perturbationes animi*, πάθη) (1). Il n'en est pas moins vrai que l'écrivain latin vise la disposition des XII Tables relative à la folie, et qu'il nous montre exactement en quoi consistait la conception romaine. Cicéron nous indique les termes précis que la loi des XII Tables employait. Ce

(1) M. Audibert, *op. cit.*, p. 32 et suiv.

qu'il oppose d'une façon très nette à la folie proprement dite (*furor*), c'est la faiblesse d'esprit, c'est-à-dire l'état d'un homme qui a l'esprit extrêmement borné, mais qui peut, à la rigueur, faire un acte juridique. Le *demens* est malade, *insanus, non sanus* ; il ne possède pas la véritable santé de l'esprit. Il y a simplement trouble, mais non absence complète d'intelligence et de volonté : *his rebus mentem vacuam appellarunt insaniam, propterea quod in perturbato animo, sicut in corpore, sanitas esse non potest*. A côté, ajoute Cicéron, se place la folie proprement dite, qui consiste dans la privation complète de la raison : *mentis ad omnia cœcitas*.

Notre système a de plus l'avantage de faire ressortir d'une façon très nette la raison pour laquelle la loi des XII Tables mettait seulement en curatelle les *furiosi*. Les décemvirs, comme nous le dit fort bien Cicéron, estimèrent que le simple sot, que celui qui était pourvu de quelque intelligence, bien qu'à un très faible degré, était naturellement capable d'agir et d'accomplir les affaires communes de la vie. On n'avait donc pas à s'occuper de lui ; il n'était pas nécessaire que la loi vînt à son secours. C'est le préteur qui, plus tard, comme nous le verrons, intervint pour protéger les *dementes*, les *mente capti* et les mettre en curatelle (1).

(1) M. Cuq (*Institutions juridiques des Romains*, 1891, p. 312) soutient, dans une certaine mesure, le même système. D'après lui, la loi des XII Tables aurait distingué entre le fou qu'elle frappait d'interdiction et le faible d'esprit qui y échappait. Seulement M. Cuq assimile les deux expressions *furio-*

La thèse que nous venons de soutenir est loin d'être universellement admise. Des auteurs estiment que le *furiosus* était le fou qui avait des intervalles lucides, tandis que le *demens* ne recouvrait la raison à aucun moment (Accarias, *Précis de droit romain*, t. I, n° 167). Dans le premier cas la folie serait intermittente, dans le second continue. D'autres, au contraire, estiment que la *furor* se distinguait de la *dementia* par l'agitation de l'esprit existant chez le fou. Elle serait caractérisée par une surexcitation anormale des facultés (Mercieca, *De l'incapacité résultant de l'aliénation mentale*, thèse, 1878, p. 6-10 ; Ortolan, *Explicat. historiq. des Instit.*, 2ᵉ édit., t. II, § 264, 271). Il est aussi des auteurs qui combinent les deux idées qui précèdent. D'après eux, le *furiosus* serait un fou agité et violent, susceptible d'intervalles lucides. La *dementia*, au contraire, serait exclusive de toute divagation, mais continue et permanente. L'individu atteint de cette affection ne reprendrait pas par intervalles possession de lui-même (Demangeat, *Cours de droit romain*, t. I, p. 149-403).

En réalité, ces différentes opinions se rattachent à une même idée et constituent un seul et unique système. Mais il ne peut être accepté. Il se heurte, en effet, aux nombreux textes que nous avons cités plus haut, et qui

sus et *mente captus*, assimilation contraire aux textes que nous avons cités plus haut, et qui montrent que chacun de ces mots avait un sens juridique très différent.

nous représentent le *furiosus* comme un individu privé de toute intelligence ; *non intelligit quod agit, nullum habet intellectum, sensum non habet,* etc. C'est un *infans,* un mort au point de vue juridique. Ces expressions conviennent encore mieux à l'individu atteint d'une folie continue qu'à celui qui peut recouvrer la raison dans des intervalles lucides.

De plus, aucun des nombreux textes que nous avons cités ne fait la moindre allusion à la continuité ou à l'intermittence de la folie, à la possibilité d'intervalles lucides et à l'extravagance de la pensée. Ils vont donc, par leur silence à cet égard, directement à l'encontre du système que nous combattons.

En outre, comment expliquer, dans cette opinion, le passage des Tusculanes où Cicéron nous dit que le *demens* a une capacité suffisante pour accomplir les actes ordinaires de la vie (*Tusc.*, III, 5). Ce n'était donc pas un individu frappé d'une aliénation mentale complète, continue, sans retour possible à la raison.

Enfin beaucoup de textes emploient le mot *furor* pour désigner une folie continue : *si tibi liquido compertum est Ælium Puscum in eo furore esse, ut continua mentis alienatione omni intellectu careat* (L. 14 D., *De off. præs.*, I, 18). Ailleurs, Paul exprime la même idée de la manière suivante : *natura, ut surdus et mutus et perpetuo furiosus* (L. 12, § 2, D., *De judic.*, V, 1). Et Justinien nous dit aussi : *cum aliis quidem hominibus continuum furoris infortunium accidat, alios autem morbus non sine laxamento aggrediatur* (1). De même, encore Paul consi-dère le *mente captus* comme incapable de tester, mais seulement pendant le temps que dure la maladie qui lui enlève l'usage de ses facultés. Le *mente captus* pourrait donc revenir à la raison (Paul, *Sent.*, III, 4, § 11 ; L. 17, D., *Qui test. fac.*, XXVIII, 1).

Il est vrai que les partisans du système que nous com-battons invoquent à l'appui de leur solution un rescrit de Marc-Aurèle qui au premier abord peut leur paraître favorable (2). Ce texte permet au fils du *mente captus*, mais non à celui du *furiosus*, de contracter mariage sans le consentement du père. C'est donc, dit-on, que le *mente captus* était atteint d'une folie continue. Il fallait forcément permettre à son fils de se passer du consente-ment paternel, sans quoi on lui eût rendu tout mariage impossible. Mais ce texte, comme l'a montré fort bien M. Audibert (3), n'est pas probant. Le rescrit de Marc-Aurèle avait vraisemblablement une portée générale ; il prenait le mot *mente captus* dans le sens large que cette expression a dans certains textes. Ce qui tend à le prou-ver, c'est que les jurisconsultes romains discutèrent la portée du rescrit. Seulement, comme la décision de Marc-Aurèle portait atteinte à la puissance paternelle,

---

(1) V. aussi l. 20, § 4, D., *Qui test. fac.*, XXVIII, I ; l. 22, § 8, D., *Sol. matr.*, XXIV, 3 ; etc.

(2) L. 25, C., *De nupt.*, V, 4 ; l. 28, C., I, 4.

(3) *Op. cit.*, p. 22 et 23.

ils furent tentés de proposer l'interprétation restrictive, d'appliquer le texte simplement au fils du *mente captus* et non pas d'une façon générale à celui de tout aliéné.

Du reste, si on admettait l'opinion que nous combattons, il serait absolument impossible de comprendre pourquoi la loi des XII Tables mettait en curatelle le fou agité et violent, jouissant de certains moments de lucidité, alors qu'elle ne s'occupait en rien de l'individu, exempt de toute divagation, sans retour momentané à la raison. Pourquoi distinguer entre ces deux sortes de fou ? Est-ce que l'un et l'autre ne méritaient pas la même protection. On serait même tenté de dire que c'était le *demens* qu'il fallait plutôt protéger. Il serait vraiment impossible de justifier rationnellement et même d'une façon sensée la loi des XII Tables, si on adoptait le système que nous examinons.

Signalons, en terminant, une théorie ingénieuse soutenue tout récemment avec beaucoup d'habileté (1). D'après elle, la loi des XII Tables n'aurait pas distingué deux sortes d'aliénation mentale. En dehors de la *furor*, il n'y avait pas de folie. A l'origine, les Romains rattachaient la folie à l'influence divine, et la considéraient comme un fait d'ordre surnaturel. Le fou était un possédé, et on le désignait sous l'expression générique de *furiosus*.

____

(1) M. Audibert, *la Folie et la prodigalité*, p. 32 et suiv. ; et *Nouvelle Revue historique du Droit*, année 1890, p. 846-890.

Telle était, dit-on, la conception première de la folie chez les Romains. Mais, peu à peu, avec les progrès de la science et de la philosophie, on se fit une idée plus large de la folie. La législation décemvirale ne protégeait que les fous totalement privés de raison. En présence des idées nouvelles, le préteur intervint pour donner des curateurs aux individus atteints de folie partielle, aux monomanes. Ce furent les *dementes* et les *mente capti*.

Quelque séduisante que paraisse cette théorie, il nous est impossible de nous y rallier en présence du passage des *Tusculanes* que nous avons déjà rapporté à plusieurs reprises (III, 5). Ce texte, on doit le remarquer, émane d'un écrivain doublé d'un jurisconsulte qui a dû peser le poids de ses paroles en parlant de la loi des XII Tables. Or, il nous dit très nettement que les décemvirs distinguaient d'une part la *furor* qu'ils réglementaient, et, d'autre part, la *stultitia* dont ils ne croyaient pas devoir s'occuper. La doctrine nouvelle se heurte complètement à cette affirmation. La distinction de la *furor* et de la *dementia* existait déjà à l'époque des XII Tables, contrairement à ce qu'elle prétend. Nous avons, du reste, montré un peu plus haut qu'on ne peut écarter le texte de Cicéron, sous le prétexte que l'écrivain latin se place à un point de vue purement philosophique.

§ II. — *Le fou et le prodigue tombaient-ils en curatelle de plein droit?*

Nous connaissons ainsi les personnes qui étaient considérées comme prodigues ou comme atteintes de folie. Etudions maintenant leur condition. On leur enlevait l'administration de leurs biens pour la confier à des curateurs. Mais tombaient-elles de plein droit en curatelle?

En ce qui concerne le *furiosus*, il est certain que cet individu était placé en curatelle de plein droit, dès qu'il était fou, et qu'il reprenait l'administration de ses biens également de plein droit, quand il recouvrait la raison.

A cet égard, les règles de notre Code civil relatives à l'interdiction sont toutes différentes. Lorsque les parents d'un aliéné veulent obtenir l'interdiction de ce dernier, ils doivent adresser une demande au tribunal (art. 492, C. civ.). C'est le jugement prononcé par la justice qui crée l'incapacité du fou. D'autre part, encore à la différence du droit romain, l'incapacité de l'interdit, dans notre droit, ne cesse pas de plein droit avec sa cause, par cela seul que l'interdit est devenu *compos mentis*. Il faut en outre qu'un jugement nouveau vienne faire cesser l'effet du premier, et prononcer la main-levée de l'interdiction (art. 512, C. civ.). Comme on le voit, les règles de la législation romaine sur ce point différaient essentiellement de celles de notre droit. On observe, au contraire, un rapprochement entre les deux législations relativement au prodigue.

Nous croyons, en effet, que le prodigue, en droit romain, n'était pas interdit par la seule volonté de la loi. L'interdiction n'était pas attachée au seul fait de la prodigalité. Il fallait, comme dans le système du Code civil, une décision de justice pour placer le prodigue en curatelle. Nous savons qu'un décret d'interdiction était prononcé par le préteur contre le prodigue : *Moribus per prætorem bonis interdicitur hoc modo : quando tibi bona aritaque nequitia tua disperdis, liberosque tuos ad egestatem perducis, ob eam rem tibi ea re commercioque interdico.*

Ce décret du préteur établissait l'interdiction ; il n'avait pas simplement pour but de la constater solennellement.

Cette solution résulte des termes mêmes du décret d'interdiction ; c'est le préteur lui-même qui interdit : *ea re commercioque interdico.* C'est ce que le jurisconsulte Paul nous dit lui-même dans le texte cité : *per prætorem bonis interdicitur hoc modo.* Il semble que, en présence de termes semblables, aucune contestation ne puisse s'élever.

Bien d'autres textes viennent confirmer encore l'opinion que nous soutenons. Ulpien emploie les mêmes expressions que Paul : *Julianus scribit eos quibus per prætorem bonis interdictum est....* De même, Julien nous dit que l'individu qui achète des esclaves, à un fils de famille qui va immédiatement en dissiper le prix, n'en est pas moins un acheteur de bonne foi et pourra usucaper (L. 8, D., *Pro emptore*, XLI, 4). Dès lors, la prodigalité n'entraînait pas de plein droit et à elle seule l'interdiction, car dans le cas contraire, la vente dont nous parle Julien aurait dû être annulée, le vendeur étant évidemment un prodigue.

Enfin, chez les écrivains latins, nous trouvons plusieurs passages desquels il résulte manifestement que l'interdiction du prodigue n'avait pas lieu de plein droit, mais qu'elle exigeait l'intervention du magistrat. Ainsi Valère Maxime nous parle de citoyens romains qui ne furent interdits pour prodigalité qu'après requête adressée au préteur et sentence de ce dernier (Valère Maxime, III, V, 2; VIII, VI, 1).

Ailleurs, Cicéron, parlant du procès bien connu intenté contre Sophocle par ses fils, ajoute : « C'est ainsi que chez nous il est d'usage d'interdire les pères de famille qui gouvernent mal leurs affaires (*quemadmodum nostro more male rem gerentibus patribus bonis interdici solet*). Alors, dit-on, le vieillard lut à ses juges la pièce d'OEdipe à Colone qu'il avait composée peu de temps auparavant, et il leur demanda si ce poème était l'œuvre d'un insensé. Il fut renvoyé de la poursuite » (Cic., *De senect.*, VII, 22).

On ajoute parfois, en faveur de l'opinion que nous défendons, une dernière considération. Nous avons établi plus haut que la curatelle du prodigue et du fou existait en droit romain antérieurement à la loi des XII Tables, et qu'elle fut introduite par la coutume (*moribus*). Dès lors, dit-on, « Si le prodigue était déjà en interdiction avant la loi des XII Tables, il ne pouvait l'être que par l'autorité du magistrat. Or, il n'est pas probable qu'après la loi des XII Tables l'intervention du magistrat ait cessé d'être nécessaire » (Lambert, *De la curatelle des prodigues en droit romain*, thèse Paris, 176, p. 4). Cet argument ne nous semble pas probant, pour cette raison que le *furiosus* était, comme nous l'avons vu, en curatelle de plein droit, et cependant, lui aussi, recevait un curateur avant l'époque de la confection des XII Tables.

Du reste, le témoignage des sources établit nettement que le décret d'interdiction prononcé par le préteur ne constatait pas seulement l'incapacité du prodigue, mais qu'il l'établissait. Il est difficile de comprendre comment Doneau (1) et Cujas (2) ont pu soutenir le contraire. Ils se sont appuyés principalement sur le texte suivant : *Lege duodecim tabularum prodigo interdicitur...* L. 1, D., *De curatoribus furioso*, XXVII, 10). Ils ont invoqué aussi d'autres passages où le prodigue est appelé : *is cui lege bonis interdictum, est.* L. 18 pr., D., *qui testam. fac. poss.* XXVIII, 1 ; L. 5, § 1, D., *De acq. vel omiss. hered.*,

---

(1) Doneau, *Ad leg.* 6, D., *De verbor obligat.*
(2) Cujas, *Ad. leg.* 6, D., *De verbor obligat.*

XXIX, 2). Ces textes signifient simplement que l'interdiction était prononcée en vertu de la loi, mais il n'en résulte pas qu'elle était encourue de plein droit. Au reste, les passages en question sont expliqués par ceux que nous avons invoqués plus haut. Le prodigue était interdit *lege*, mais *per prætorem*.

Ajoutons, de plus, qu'à aucune époque du droit romain, l'interdiction du prodigue n'a été attachée au seul fait de la prodigalité. Cujas a bien essayé de soutenir le contraire. D'après lui, si à l'origine les prodigues étaient interdits de plein droit, il n'en aurait plus été ainsi à une certaine époque, et c'est alors qu'aurait apparu le décret d'interdiction qui nous a été conservé.

Cette solution ne peut être admise. Ce qui le prouve, ce sont les expressions archaïques employées dans la formule même du décret, *nequitia, ea re*. Elles dataient d'une époque reculée. De plus le préteur, dans ce décret, reprochait au prodigue de gaspiller les biens de ses ancêtres : *quando tibi bona paterna avitaque nequitia tua disperdis...* Or c'était là précisément la condition exigée par la loi des XII Tables pour qu'un individu fût frappé d'interdiction.

§ III. — *Quels étaient les curateurs nommés à ces deux sortes d'incapables ?*

La loi des XII Tables plaçait le *furiosus* et le prodigue

sous l'autorité de leurs agnats tout d'abord, et à défaut d'agnats, de leurs gentils.

Par agnats, on entendait en droit romain, tous ceux qui descendaient par les mâles, *ex justis nuptiis*, d'un auteur commun. C'était la parenté civile. Ajoutons que, comme la tutelle, la curatelle du prodigue et du fou n'appartenait pas à tous les agnats à la fois, mais bien aux plus proches, conformément au principe romain : *Ubi successionis emolumentum, ibi et onus tutelæ esse debet.* Il y avait une corrélation entre la vocation héréditaire et la curatelle. Dans le cas où il se trouvait plusieurs agnats au même degré, tous avaient la curatelle.

A défaut d'agnats, la loi des XII Tables appelait à la curatelle, les gentils. On sait que des difficultés très sérieuses se sont élevées sur le point de savoir ce qu'on entendait par *gens* en droit romain. Nous n'avons pas à insister sur ce point.

Nous aurons l'occasion, un peu plus loin, d'expliquer la règle ainsi posée par la législation décemvirale. Il en résultait qu'un prodigue ou un fou restait sans protection, lorsqu'il était étranger à la famille civile, quand il n'avait ni agnat, ni gentil. Ainsi, l'enfant né hors des justes noces, du mariage légitime, l'enfant émancipé, l'affranchi étaient nécessairement sans agnats comme sans gentils. S'ils devenaient fous, ou se mettaient à dissiper les biens paternels, ils ne recevaient pas de curateurs. Voilà la conséquence qui découlait manifestement de la disposition de la loi des XII Tables. Plus tard, comme nous le verrons, le préteur devait intervenir, en vertu de son pouvoir si étendu, pour porter remède à cette situation.

§ IV. — *A quels biens s'étendait la curatelle du prodigue et du fou.*

La réponse à la question que nous venons de poser n'est pas douteuse relativement au fou. Il est certain que son incapacité s'étendait à tout son patrimoine, sans distinction, quelle qu'en fût l'origine. Qu'allons-nous décider pour le prodigue?

Lorsqu'on examine avec soin la formule du décret d'interdiction prononcée par le préteur contre le prodigue, on voit que ce décret n'avait pas une portée générale, et qu'il ne s'étendait pas à tous les biens du prodigue. Il était en effet ainsi conçu : *Quando tibi bona paterna avitaque nequitia tua disperdis, liberosque suos ad egestatem perducis, ob eam rem tibi ea re commercioque interdico.*

Ainsi, le préteur reproche au prodigue de dilapider les biens qu'il tient de ses ascendants paternels, et il lui défend d'en disposer. Comme on le voit, la défense d'un préteur s'étend seulement aux *bona paterna avitaque.* On le frappe d'interdiction parce qu'il dissipe l'héritage paternel. Ce qui prouve que telle était bien la portée véritable du décret d'interdiction, ce sont les expressions mêmes qui le terminent : *ea re tibi interdico*, dit le préteur.

Il semble qu'aucun doute n'est possible. Cependant les auteurs admettent généralement que la curatelle du prodigue avait une portée générale et s'étendait à tous ses biens. Sans doute, en fait, le prodigue, n'aura le plus souvent, pour fortune, que les biens recueillis par lui dans la succession de son père. C'est l'hypothèse la plus fréquente, et alors son incapacité sera relative à tous ses biens. Mais la règle, c'est que l'interdiction est limitée aux *bona paterna avitaque*.

En faveur de cette solution, on peut invoquer, outre l'argument tiré des termes du décret, plusieurs textes d'écrivains latins. Ainsi Valère Maxime dans un passage sur lequel nous aurons l'occasion de revenir, nous dit, en parlant d'un romain illustre interdit pour prodigalité : *ei Q. Pompeius prætor urbanus paternis bonis interdixit* (1). L'interdiction était donc limitée à l'héritage paternel. Les termes employés par Valère Maxime sont la reproduction de ceux du décret d'interdiction. L'historien latin ajoute la phrase suivante qui est caractéristique : *quem ergo nimia patris indulgentia heredem reliquerat, publica severitas exheredavit.* « Celui qu'un père trop indulgent n'avait pas exclu de sa succession, la sévérité publique l'exhéréda ». L'interdiction enlevait

____

(1) Valère Maxime, III, 5, § 2.

donc au prodigue l'héritage paternel ; c'était une sorte
d'exhérédation, nous dit le texte cité.

De même, Quintilien nous parle d'un orateur qui,
dans sa plaidoirie, reprocha à son adversaire, Brutus,
d'avoir vendu les biens paternels : *Ubi essent ex posses-
siones ? Omnes autem illas Brutus vendiderat ; et quum
paterna emancuparet prædia, turpis habebatur* (1).

On pourrait invoquer également plusieurs passages
de Cicéron qui sont non moins probants. Ainsi il nous
dit quelque part : *gleba nulla de paternis atque avitis pos-
sessionibus relinquetur* (*De leg. agr.*, II, 30, 82). Ailleurs il écrit : *cur te fraterna vitia potius quam bona paterna et avita... moverunt* (*Pro Cœl.*, 14, 34) (2).

Concluons donc de tous ces témoignages, que l'interdiction du prodigue se limitait à l'héritage paternel, aux
bona paterna avitaque. La règle primitive devait être modifiée par la suite.

§ V. — *Capacité du prodigue et du fou.*

Après avoir déterminé, dans le paragraphe précédent,
l'étendue de l'incapacité du prodigue et du fou, quant
aux biens, nous allons rechercher maintenant en quoi
consistait exactement cette incapacité, et à quels actes

____

(1) Quinlil., *Inst. Orat.*, VI, 3.
(2) V. au surplus, les textes cités par Voigt, *Die Zwœlf Tafeln*, t. II, p. 344,
nᵘ 35.

juridiques elle s'appliquait. Ici encore, en ce qui concerne le prodigue, la solution nous est donnée par la formule du décret d'interdiction prononcée contre lui : *Tibi commercio interdico*, disait le préteur.

C'est donc le *commercium* , le *jus commercii*, que le préteur enlève au prodigue. Ce droit, un des attributs de la cité romaine consistait dans la faculté de figurer dans une mancipation. D'autre part, la mancipation ayant été très probablement à l'origine une vente réelle et au comptant (1), Ulpien a pu la définir : *Commercium est emendi vendendique invicem jus* (Ulp., *Reg.*, XIX, § 4).

De plus étant donnée la formule générale du décret d'interdiction, la loi des XII Tables privait l'interdit du *commercium,* non seulement au point de vue passif, mais aussi au point de vue actif. En d'autres termes, le prodigue était incapable non seulement d'aliéner par mancipation, mais aussi d'acquérir par ce mode. On a soutenu, du reste assez timidement, le contraire en disant que très probablement les décemvirs n'avaient entendu priver l'interdit du *commercium* que dans la mesure nécessaire pour l'empêcher de se dépouiller (2). Cette solution nous semble contraire à la formule du décret d'interdiction qui a une portée générale.

***

(1) V. sur la question des origines de la mancipation une bonne étude de M. Guillot, *De la mancipation,* thèse (p. 17 et suiv., p. 44 et s.).
(2) Accarias, *Précis,* t. 1, n° 171 *in fine,* p. 412, note 2.

Ainsi le prodigue était privé d'une manière générale du droit de figurer dans une mancipation à un titre quelconque, vendeur, acheteur, témoin. Par là même tous les actes dérivant de la mancipation lui étaient interdits, notamment le testament *per æset libram*. Le prodigue ne pouvait ni tester lui-même, en cette forme (1), ni être institué héritier, ce dernier jouant à l'origine le rôle de *familiæ emptor*.

Enfin si l'on admet que la mancipation a été dans les premiers temps du droit romain la forme primitive de s'obliger sous l'aspect du *nexum* et qu'elle a été la source de tous les contrats solennels, on voit que la règle établie par la loi des XII Tables avait comme conséquence d'empêcher d'une manière générale le prodigue de s'obliger. L'interdit n'était pas, d'une manière absolue, privé du *commercium*. Il n'en était privé que pour les *bona paterna*. Pour les autres biens, il conservait la capacité d'accomplir les différents actes juridiques qui exigeaient la jouissance du *commercium*. Nous avons montré en effet plus haut, que la curatelle du prodigue s'appliquait seulement aux biens provenant de la succession paternelle.

Telle était l'incapacité du prodigue dans la législation décemvirale ; mais elle devait se modifier profondément

---

(1) Ulp., XX, 13 ; l. 18, pr. D., *Qui test.*, XXVIII, 1. — Faisons remarquer à cet égard que le Code civil n'empêche pas le prodigue de tester. Le penchant de ce dernier pour la dépense n'est pas alors à craindre.

dans la suite des temps, comme nous le constaterons
bientôt. Au contraire la condition du *furiosus* est toujours restée la même ; elle n'a pas varié ; aussi l'expose-
rons-nous plus loin en parlant de la curatelle du prodigue et du fou à l'époque classique.

Quant aux pouvoirs et aux fonctions du curateur du
prodigue et du fou, nous les étudierons en détail, quand
nous serons arrivés à l'époque classique.

§ VI. — *Caractère de la curatelle du prodigue et
du fou d'après la loi des XII Tables.*

Maintenant que nous connaissons exactement la condition faite par la législation décemvirale au prodigue
et au fou, il nous est possible de bien en apprécier le caractère.

Prenons d'abord le prodigue. Il est bien certain que
la loi des XII Tables, en le frappant d'interdiction, n'a-
gissait pas dans un but de protection envers le prodigue.
Ce qu'elle voulait sauvegarder, c'était l'intérêt de la famille civile, fondée sur le culte domestique des dieux
mânes (1). Tout le prouve nettement dans les dispositions de la loi des XII Tables. C'est aux agnats et aux
gentils seuls, c'est-à-dire aux héritiers présomptifs du

---

(1) La même idée se retrouve en Grèce. Si on poursuivait les dissipations,
c'est parce qu'il fallait défendre les biens de la famille, τὰ πατρῷα. Isée, *Orat.*,
8. 34.

prodigue, que les décemvirs confient la curatelle de ce dernier. Il s'agit d'empêcher un citoyen romain de dissiper les biens qui doivent revenir un jour aux agnats et aux *gentiles*.

La même raison nous explique pourquoi l'interdiction était limitée aux *bona paterna avitaque*, et ne s'étendait pas aux biens que le prodigue avait pu acquérir lui-même, soit par son industrie, soit par donation ou de toute autre manière. Ce qu'il fallait sauvegarder, c'était le patrimoine venant des ancêtres, destiné à l'entretien du culte domestique et dont la propriété appartenait plus à la famille qu'au *paterfamilias* lui-même. Ce dernier n'en était que l'administrateur pour ainsi dire. Aussi on lui enlevait la gestion de ces biens en cas de prodigalité. Comme on l'a fait remarquer avec raison (1), l'interdiction du prodigue a peut-être été introduite pour assurer la conservation des biens affectés après la conquête aux chefs de famille pour se transmettre héréditairement, et subvenir aux besoins de la famille, c'est-à-dire des deux arpents de terre (*bina jugera*), la maison et le verger qui l'entourait (*heredium*). Ces biens étaient probablement inaliénables à l'origine ; mais quand on admit au profit du *paterfamilias* le droit d'en disposer, on songea à les protéger contre de folles dissipations. De là l'institution de la curatelle du prodigue. Seulement,

---

(1) M. Audibert, *Nouvelle revue historique de droit*, 1890, p. 532 et s. ; *la Folie et la prodigalité*, p. 115 et 116.

avec le développement de la richesse, on assimila à l'antique *heredium* tous les biens que le prodigue avait recueillis dans la succession paternelle.

C'est par les mêmes motifs que l'incapacité du prodigue ne s'étendait pas aux biens que le prodigue avait recueillis, en tant qu'héritier testamentaire de son père (1). Ce dernier, en effet, en faisant un testament en faveur de son enfant avait manifesté clairement l'intention d'enlever à son patrimoine le caractère d'un bien patrimonial, de le faire sortir de la famille. En agissant ainsi, le *paterfamilias* usait de son pouvoir souverain de juge domestique, investi d'une autorité absolue. La succession paternelle constituait ainsi pour le prodigue un pur lucre.

Enfin, l'idée d'après laquelle la curatelle du prodigue a été introduite, non pas dans l'intérêt du prodigue, mais dans celui de la famille, ressort aussi très nettement du reproche que le préteur faisait au prodigue en prononçant l'interdiction : *Quando..... liberosque tuos ad egestatem perducis.* Ainsi on frappait le prodigue parce que ses folles dissipations menaçaient de conduire ses enfants

---

(1) Quoique le contraire ait été soutenu, nous croyons qu'il y avait là une règle spéciale à la curatelle du prodigue, et ne s'étendant pas d'une façon générale aux autres curatelles, notamment à celle du fou, ou à la tutelle. La règle qui limitait la curatelle aux *bona paterna* recueillis en qualité d'héritier *ab intestat*, nous apparaît comme spéciale à l'interdiction du prodigue. Les textes, en effet, ne l'appliquent qu'à cette interdiction. Notamment Ulpien, *Reg.*, XII, 2, 3, semble bien formuler la règle uniquement pour le prodigue. (*Contrà*, Accarias, *Précis*, t. I, p. 424).

à la misère. Il violait, pour ainsi dire, un dépôt confié à ses mains au profit de la famille.

Valère Maxime exprime la même idée dans un passage bien connu, où il nous parle d'un romain illustre frappé d'interdiction pour prodigalité : *Age Q. Fabii Maximi Allobrogici et civis et imperatoris clarissimi filius, Q. Fabius Maximus quam perditam luxuria vitam egit. Cujus ut cetera flagitia obliterentur, tamen abunde illo dedecore mores nudari possunt, quod ei Q. Pompeius prætor urbanus paternis bonis interdixit. Neque in tanta civitate, qui illud decretum reprehenderet, inventus est; dolenter enim homines ferebant, pecuniam qua Fabiæ gentis splendor servire debebat, flagitiis disjici : quem ergo nimia patris indulgentia heredem reliquerat, publica severitas exheredavit* (1). Nous traduisons : « Voyez ! quelle vie de désordre et de débauche fut celle de Q. Fabius Maximus, le fils de ce grand citoyen et illustre général. Q. Fabius Maximus Allobrogicus ! Quand on ensevelirait dans l'oubli toutes ses autres *infamies*, il suffirait, pour dévoiler la honte de ses mœurs, de rappeler que le préteur urbain Q. Pompeius lui interdit les biens paternels. Et, dans cette grande cité, personne n'a trouvé à redire au décret du préteur. Tout le monde était indigné, de voir dissiper dans de honteuses débauches, des biens qui devaient être consacrés à la splendeur de la *gens Fabia*. Ainsi

____

(1) Valère Maxime, III, 5, 2.

celui que son père, par excès d'indulgence avait laissé héritier, la sévérité publique l'exhéréda ».

Ailleurs, Valère Maxime nous parle d'un nommé Licinianus qui fit interdire son père pour prodigalité, et qui lui-même aurait mérité à son tour d'être puni, car il aima mieux dilapider son héritage que procréer un héritier : *quoniam hereditatem absumere quam heredem maluit tollere* (1).

Enfin le nom même que l'on donnait à l'origine au prodigue *nepos* montre qu'on ne voyait en lui qu'un petit enfant dissipateur, *rei avitæ consumptor*, le vice des générations nouvelles étant précisément la prodigalité (2).

Que l'on consulte aussi la formule du décret d'interdiction. Le préteur traite la prodigalité de *nequitia*. Or Cicéron nous apprend dans ses *Tusculanes* (3) que ce vice est le contraire de la *frugalitas*, vertu qui comprend toutes les autres : *reliquas etiam virtutes frugalitas continet*. Le mot *nequitia* était employé pour désigner un malhonnête homme. La prodigalité qui avait pour résultat de dépouiller la famille était donc un véritable crime.

Concluons donc que la loi des XII Tables, en établissant l'interdiction du prodigue, ne se préoccupait nul-

____

(1) Valère Maxime, VIII, VI, I.
(2) V. Voigt, *Die Zwœlf Tafeln*, II, p. 343, n° 33 ; p. 727, n° 3.
(3) *Tuscul.*, III, 8. Confr. Aulu Gelle, *Noct. att.*, VII, II.

lement de l'intérêt de l'incapable. Il en était de même pour le *furiosus*.

Sans doute, l'incapacité de ce dernier est une incapacité fondée sur la nature même des choses. Elle repose sur cette idée qu'une personne dépourvue d'intelligence et de volonté, est dans l'impossibilité de faire aucun acte juridique. Telle a été la base du système admis par la législation décemvirale relativement au *furiosus*. Mais il n'en est pas moins vrai que la loi des XII Tables, en mettant le fou en curatelle, avait voulu protéger l'intérêt de la famille civile, de la *gens*, comme pour le prodigue. Ce qui le prouve, c'est que, ici encore, la loi des XII Tables n'appelait à la curatelle du *furiorus* que les agnats et les gentils, c'est-à-dire les héritiers présomptifs de ce dernier. Elle ne s'inquiétait pas de celui qui n'avait ni *gens* ni agnats. Nous n'insistons pas davantage sur ce point.

§ VII. — *Comment cessait la curatelle du prodigue et du fou?*

En ce qui concerne le *furiorus*, la curatelle cessait de plein droit avec la folie qui la produisait. Ce point ne peut être contesté. Nous avons déjà fait remarquer que, dans notre droit, au contraire, l'interdiction d'un aliéné ne peut être levée que par un jugement.

Des difficultés se sont élevées au contraire, pour le

prodigue. Est-ce que, à son égard, la curatelle prenait fin lorsque la cause qui y avait donné lieu venait à disparaître? Ulpien, parlant de la règle admise à son époque, nous dit que la curatelle du prodigue finissait de plein droit, (*ipso jure*), comme celle du *furiosus*, lorsque le prodigue s'amendait (*si sanos mores receperit*) (1). On a soutenu que, si tel était le principe à l'époque classique, ce n'était pas celui de l'ancien droit. D'après cette théorie, puisqu'on exigeait l'intervention du préteur pour que le prodigue fût interdit, cette intervention devait être également nécessaire pour faire recouvrer à ce dernier son entière capacité. Néanmoins, il nous semble que, même dans le système de la loi des XII Tables, le prodigue devait cesser de plein droit d'être en curatelle, en cas de retour à une meilleure conduite. Puisque telle était certainement la règle à l'époque classique, comme l'atteste Ulpien, pourquoi ne pas admettre qu'elle existait déjà dans l'ancien droit, en l'absence d'un texte précis établissant le contraire? Quant à l'argument tiré de ce que, d'après la loi des XII Tables, il fallait un décret du préteur pour prononcer l'interdiction, il n'est pas probant. A l'époque classique le décret d'interdiction était encore en usage, et cependant à ce moment la curatelle du prodigue cessait de plein droit, comme nous l'avons vu, avec la cause qui la produisait.

Ajoutons que tout changement dans le *status* du pro-

(1) L. 1, pr. *in fine*, D. *De curat. fur.*, XXVII, 10.

digue ou de son curateur par suite d'une *capitis deminu-tio* entraînait également la cessation de la curatelle, ou, tout au moins, la faisait passer à un autre agnat, ou à un autre gentil. Il n'y avait pas à distinguer suivant qu'il s'agissait de la *maxima* ou de la *media capitis demi-nutio* entraînant perte de la liberté ou du droit de cité, ou au contraire de la *minima capitis deminutio* empor-tant simplement changement de famille.

CHAPITRE II

DE LA CURATELLE DU PRODIGUE ET DU FOU A
L'ÉPOQUE CLASSIQUE.

Nous allons étudier maintenant les modifications que la curatelle du prodigue et du fou a subies à l'époque classique.

Section I. — Extension donnée à la curatelle du prodigue et du fou.

§ 1. — *Curatelle du prodigue.*

Nous avons montré, dans le chapitre Ier, que l'interdiction du prodigue avait été introduite par la loi des XII Tables dans l'intérêt de la famille civile. Aussi la curatelle du prodigue était-elle confiée seulement aux agnats et aux gentils. En leur absence le prodigue restait sans protection.

Cette conception primitive ne devait pas tarder à se modifier avec les progrès de la civilisation, en même temps que s'affaiblissaient les idées anciennes sur l'organisation de la famille. Le culte domestique des ancêtres, qui formait le fondement de la famille ancienne, perd de plus en plus de son importance. Les mœurs viennent tempérer peu à peu le pouvoir absolu du *paterfamilias* sur ses enfants et les membres de sa *domus*. En même temps les vieux cadres de l'État romain se brisent, et de nouveaux éléments, comme les plébéiens, s'introduisent dans la cité romaine à l'origine rigoureusement fermée.

Aussi nous voyons alors les idées anciennes sur le caractère de la curatelle du prodigue se modifier profondément avec la désorganisation de la *gens* et de l'ancienne famille romaine. On comprend que la loi dut intervenir, non plus dans l'intérêt de la famille, mais dans celui de l'incapable. C'est le prodigue qu'il s'agit de protéger. Quand un *paterfamilias* fait des dépenses exagérées, il faut venir à son secours, l'empêcher de se ruiner. La justice l'exige, déclare Antonin le Pieux, car le prodigue se conduit comme un insensé : « Ce n'est pas la première fois, nous dit cet empereur, que l'on voit des hommes, qui paraissent raisonnables dans leurs paroles, faire de leurs biens un si mauvais usage qu'ils tomberaient dans l'indigence, si l'on ne venait à leur secours. On doit donc charger quelqu'un de les diriger. Il convient que nous nous occupions nous-mêmes de ces hommes qui, de la manière dont ils usent de leurs biens, courent à leur perte comme des fous » (1).

(1) L. 12, § 2, D., *De tut. et. cur. dat.*, XXVI, 5.

En même temps que s'introduisait dans la pratique romaine ce sentiment de commisération pour la personne même du prodigue, une autre idée se faisait jour aussi. *Expedit enim reipublicæ*, nous dit Justinien aux Institutes, *ne quis sua re male utatur* (1). La société est intéressée à ce que ses membres ne gaspillent pas leurs biens, car de folles prodigalités augmentent le nombre des déclassés, élément de désordre et de trouble. C'est là précisément la raison par laquelle Gaius justifie l'interdiction du prodigue : *Male enim nostro jure uti non debemus qua ratione et prodigis interdicitur bonorum suorum administratio* (2).

Quintilien, lui aussi, développe la même idée comme étant un lieu commun à l'appui d'une demande d'interdiction : *Nihil est periculosius, judices, in hominibus mutata subito fortuna, nihil ad vilitatem sui pronius miseris delicatis. Juvenes in magnis patrimoniis atque in summa nati dignitate, subito excussi, non dico opibus, sed etiam necessariis ad victum spiritumque ultimum sustinendum, non redibunt ad opus quotidianum non sufficient assiduo labori. Superest ut audeant aliquid vel propter quodmoriantur...*

Ces raisons sont celles qui expliquent aujourd'hui les dispositions du Code civil relatives au prodigue. Si notre loi donne un conseil judiciaire à cet individu, c'est à

(1) Inst., I, 8, § 2.
(2) Gaius, I, 53, *in fine*.

la fois dans un intérêt privé et dans un intérêt social. Il
faut venir au secours de l'individu qui se livre à des dépenses folles et exagérées. C'est là, croyons-nous, une
considération qui a inspiré, au moins dans une certaine
mesure, les rédacteurs du Code. Sans doute elle est contestée aujourd'hui. D'excellents esprits pensent qu'il doit
être permis à chacun d'user et d'abuser de son patrimoine. D'après eux, le législateur n'a pas le droit d'empêcher un individu de se ruiner, si tel est son bon plaisir.
En tout cas, ces auteurs sont bien obligés de reconnaître
que les dispositions de notre Code se justifient par des
considérations d'intérêt général, analogues à celles que
Justinien invoquait déjà.

Quoi qu'il en soit, un principe nouveau s'introduit à
l'époque classique en droit romain. Nous voyons le préteur donner des curateurs aux prodigues qui n'avaient
ni agnats ni gentils, et dont la loi des XII Tables ne s'occupait pas, comme nous l'avons vu. De plus, la pratique
admit que le magistrat pourrait mettre en curatelle les
fils de famille qui dissipaient leur patrimoine propre,
abstraction faite des biens qu'ils avaient pu recueillir
dans l'héritage paternel. La protection de la loi, qui à
l'origine n'était accordée qu'aux *bona paterna avitaque*,
se trouve ainsi étendue à tout le patrimoine du prodigue.
C'est ainsi qu'à côté de la curatelle légitime instituée par
la loi des XII Tables, vint se placer la curatelle dative
organisée par le préteur.

Cette coutume nouvelle nous est nettement indiquée par Ulpien : *Sed solent hodie prætore vel præsides, si talem hominem invenerint, qui neque tempus neque finem expensarum habet, sed bona sua dilacerando et dissipando profudit, curatorem ei dare exemplo furiosi* (1). Ailleurs le même jurisconsulte ajoute : *A prætore constituitur curator quem ipse prætor voluerit libertinis prodigis, itemque ingenuis qui ex testamento parentis heredes facti male dissipant bona ; his enim ex lege curator dari non poterat, cum ingenuus quidem non ab intestato, sed ex testamento heres factus sit patri ; libertinis autem nullo modo patri heres fieri possit, qui nec patrem habuisse videtur, cum servilis cognatio nulla sit* (2).

Cette transformation dans la théorie romaine de l'interdiction a été, croyons-nous, l'œuvre des magistrats et des jurisconsultes romains. C'est l'*interpretatio* des Prudents qui, sur ce point comme sur bien d'autres, est arrivée, en s'appuyant sur le texte même de la loi des XII Tables, à en élargir la conception et à introduire le principe nouveau (3). On sait combien étaient étendus les pouvoirs du préteur en matière législative. Les textes nous disent que ce dernier pouvait même *corriger* le droit civil. C'est ainsi que le préteur est arrivé, en s'appuyant, au moins en apparence, sur le texte de la loi des

---

(1) L. I, pr. D., *De cur. fur.*, XXVII, 10.
(2) *Reg.*, XII, § 3.
(3) Voigt, *Das jus naturale*, IV, p. 122, 129.

XII Tables, à donner des décisions qui y étaient opposées. Il n'y a là rien qui puisse étonner. Nous nous trouvons ici en présence d'une de ces nombreuses et utiles conquêtes réalisées par le droit prétorien sur le vieux droit quiritaire si âpre et si exclusif.

Nous estimons donc qu'à l'époque classique le préteur se servait de la formule de l'ancien décret d'interdiction contre tous les prodigues sans distinction, aussi bien contre ceux qu'il mettait lui-même en curatelle que contre ceux qui recevaient des curateurs légitimes.

Toutefois cette solution a été récemment contestée. On a soutenu qu'il y avait, à l'époque classique, deux sortes d'interdiction, régies par des principes différents, l'une fondée sur la loi des XII Tables, l'autre dérivant d'une coutume plus récente. En même temps que la curatelle dative s'introduisit, un système d'interdiction nouveau, tout différent de celui qu'avait organisé la loi des XII Tables, aurait pénétré dans le droit romain. Cette thèse, proposée pour la première fois par M. Ubbelohde (1), a été reprise tout récemment par M. Audibert (2). Mais ce dernier lui a donné des développements tout nouveaux, qui donnent à son système un caractère des plus personnels (3).

---

(1) Ubbelohde, *Uber die Handlungsfœhigkeit des prodigus und des minderjæhrigen nach gemeinem Rechte*, in *Zeitschrift für das Privat und œffentl. Recht*. professeur Gründhunt, 1877, IV, p. 671-721.

(2) Audibert, *la Folie et la prodigalité*, t. I, p. 146 et suiv. ; et *Nouvelle revue historique de Droit*, 1890, p. 521 et suiv.

(3) La théorie de M. Ubbelohde se distingue de celle de M. Audibert prin-

« Une distinction s'impose, nous dit M. Audibert (1). Le prodigue tombait-il sous le coup de la loi des XII Tables : le décret d'interdiction était rendu contre lui. Le prodigue était-il de ceux que l'ancienne loi n'avait pas prévus : le magistrat le mettait en curatelle sans avoir recours à l'ancien décret. Dans le premier cas, l'incapacité de l'interdit devait être réglée d'après la formule d'interdiction : c'est en vue de la seconde hypothèse, que la jurisprudence dut construire, sans être gênée par le texte, un nouveau système d'incapacité. Ainsi, l'impossibilité de ramener à une idée commune les données que fournissent les textes relatifs à l'interdiction, nous conduit à penser qu'il y avait, à l'époque classique, deux sortes d'interdiction, régies par des principes différents, l'une fondée sur la loi des XII Tables, l'autre dérivant d'une coutume plus récente ».

Nous ne pouvons adhérer à cette théorie pour cette excellente raison que nous n'en trouvons aucune confirmation dans les textes. Ses partisans eux-mêmes le reconnaissent (2), aucune distinction du genre de celle qui est proposée n'apparaît dans les fragments du Digeste. Loin de là. Quant aux quelques textes invoqués, et dans

cipalement en ce que, d'après le premier, l'incapacité des prodigues interdits par la loi des XII Tables dérivait du droit civil, tandis que celle des prodigues interdits par le préteur découlait du droit prétorien. M. Audibert pense, au contraire, que les deux systèmes d'interdiction découlaient également du *jus civile.*

(1) M. Audibert, *op.* et *loc. cit.*

(2) M. Audibert, *op. cit.*, p. 146, *in fine.*

lesquels on veut retrouver une trace de la dualité du système d'interdiction à l'époque classique, il faut reconnaître qu'ils sont bien vagues à cet égard. Disons mieux : ils ne nous paraissent nullement concluants. Ainsi on invoque le fragment suivant d'Ulpien, formant la loi I, D., *De curat. fur.*, XXVII, 10 : *Lege duodecim tabularum prodigo interdicitur bonorum suorum administratio, quod moribus quidem ab initio introductum est. Sed solent hodie prætores et præsides, si talem hominem invenerint, qui neque tempus neque finem expensarum habet, sed bona sua dilacerando et dissipando profudit, curatorem ei dare exemplo furiosi.* On prétend que dans ce texte le jurisconsulte opposerait l'un à l'autre deux systèmes absolument contraires d'interdiction, l'un fondé sur la loi des XII Tables, l'autre tenant à l'organisation de la curatelle dative.

Cette prétendue conséquence ne nous semble pas le moins du monde résulter du texte en question. Ce fragment n'a pas la portée qu'on veut lui attribuer. Ulpien y constate simplement que l'interdiction du prodigue avait été établie par la loi des XII Tables, et que les magistrats finissent par s'attribuer la nomination des curateurs Voilà le sens naturel du texte invoqué.

On ajoute dans la théorie que nous combattons (1) que le nouveau système d'interdiction introduit, en opposition avec celui de la loi des XII Tables (opinion que

(1) M. Audibert, p. 152 et suiv.

nous venons de réfuter), aurait été basé sur une assimilation du prodigue au *furiosus*.

Nous reconnaissons parfaitement que beaucoup de textes établissent une comparaison entre le prodigue et le *furiosus* (1). Mais ils signifient simplement, à ce qu'il nous semble, qu'il y a une véritable folie à gaspiller ses biens en de folles dépenses. C'est l'application du principe nouveau qui s'introduit à l'époque classique : la curatelle du prodigue est désormais fondée sur l'intérêt de l'incapable. Les textes qui assimilent ainsi le prodigue au fou contiennent une simple remarque de moraliste, témoin ce passage d'Horace :

Vincit enim stultos ratio insanire nepotes ;

Les prodigues sont fous, la raison le démontre.

On ne peut donc pas attacher de l'importance à cette comparaison du prodigue et du *furiosus*. Elle n'a pas la valeur d'un véritable principe juridique, d'une règle de droit. Les textes ne nous la présentent pas comme telle. Si l'incapacité de l'interdit pouvait être rapprochée en droit romain de quelque autre, c'était, comme nous le verrons, de celle du pupille, et non pas de celle du fou. C'est ce que nous dit Ulpien, 26, *ad edictum* : D. XII, 1, *De rebus coditis*, 9, § 7 : *Sed et, si ei numeravero, cui postea bonis interdictum est, mox ab eo stipuler, puto pupillo eum comparandum : quoniam et stipulando sibi*

____

(1) L. 12, § 2, D., *De tut. et cur. dat.*, XXVI, 5 ; l. 1, D., *De cur. fur.*, XXVII, 10 ; etc. etc.

adquirit. Nous aurons l'occasion de le constater, la capacité du prodigue se rapprochait singulièrement de celle du pupille.

§ II. — *Curatelle du fou.*

Nous avons montré au chapitre I que la loi des XII Tables ne donnait pas des curateurs à toutes les personnes atteintes de folie, et que de plus elle ne les mettait en curatelle que sous certaines conditions.

Ici encore, comme pour le prodigue, nous voyons le préteur intervenir sous l'empire des idées nouvelles que nous avons exposées plus haut. A côté des curateurs légitimes institués par les décemvirs, le préteur vint créer des curateurs d'un nouveau genre, qu'il nommait lui-même les curateurs datifs, pour le cas où les conditions exigées par la loi des XII Tables n'étaient pas remplies.

Ainsi, comme nous l'avons vu, la législation décemvirale n'appelait à la curatelle du fou que les agnats et les *gentiles*, héritiers présomptifs de ce dernier. Par suite, l'enfant né hors des *justæ nuptiæ*, l'affranchi, l'enfant émancipé ne pouvaient être mis en curatelle. Le préteur vint donner à ces personnes, à défaut de curateurs légitimes, des curateurs honoraires.

De plus la loi des XII Tables ne s'occupait que du *furiosus*, c'est-à-dire, dans l'opinion que nous avons soutenue, du fou proprement dit, de celui qui n'a ni intelligence, ni volonté, *qui non intelligit quod agit, nullum sensum habet*. Plus tard le préteur vint étendre la protection de la loi aux faibles d'esprit, aux *dementes* et aux *mente capti*. Le magistrat romain, plus humain que la loi des XII Tables, crut devoir venir à leur secours. De là l'organisation de la curatelle du *demens* et du *mente captus*.

Enfin, à ces dernières personnes le préteur assimila les sourds, les muets et tous ceux qu'une infirmité permanente empêchait de veiller à l'administration de leurs biens. C'est ce que nous apprennent les Institutes, livre I, titre 23, § 4 (1).

Section II. — De la condition du prodigue et du fou.

§ I. — *Du prodigue.*

Nous avons montré au chapitre I, en nous appuyant sur la formule du décret d'interdiction prononcée par le préteur, que l'on enlevait au prodigue le *commercium*

---

(1) Indiquons ici brièvement quelques règles peu importantes sur la nomination du curateur et qui ne méritent pas qu'on s'y arrête : 1° le fils d'un fou ou d'un prodigue pouvait être curateur de son père (L. 12, 1, *De tut. et cur.*, XXVI, 5; L. I, § 1 ; L. 4, D , *De cur. fur.* XXVII, 10). 2° La curatelle testamentaire n'existait pas : toutefois la désignation faite par testament produisait quelque effet. Le curateur nommé par le père était confirmé par le magistrat sans enquête (Inst., I, 23, *De cur.*, § 1) : désigné par la mère, il n'était confirmé qu'après enquête (L. 2, § 1, *De conf. tut.*, XXVI, 3).

sur les *bona paterna avitaque*. La théorie classique de l'incapacité du prodigue nous apparaît comme toute différente, et comme étant fondée sur d'autres bases que la prohibition prononcée par le magistrat dans son décret.

Elle peut, en effet, se ramener à la règle suivante : le prodigue est incapable de faire sa condition pire, mais il peut la rendre meilleure (L. 6, D., *De verbor. oblig.*, XLV, 1 ; L. 3, D., *De noval.*, XLVI, 2 ; L. 10, pr. D., *De curat. fas.*, XXVII, 10, etc.).

Les expressions que nous venons de rapporter présentent par elles-mêmes un certain vague. Mais leur portée est très nettement déterminée par les textes. Rendre sa condition meilleure, c'était acquérir la propriété, la possession, un droit réel quelconque, un droit de créance, ou cesser d'être débiteur (Gaius, II, § 83 ; Inst., *De auct. tut.*. I, 21, pr. ; L. 2, D., *De acceptil.*, XLVI, 4). Au contraire, par l'expression « rendre sa condition pire », les jurisconsultes romains entendaient les actes emportant aliénation obligatoire, ou qui nous font cesser d'être créanciers (Gaius, II, §§ 80 et 84 ; Inst., *loc. cit.*).

A cet égard, la condition du prodigue se rapproche de celle du pupille sorti de l'*infantia* qui, lui aussi, est incapable de faire sa condition pire, mais qui peut la rendre meilleure. C'est ce que nous dit Ulpien qui, dans un texte bien connu, rapproche le prodigue du pupille : *Sed et si ei numeravero, cui postea bonis interdictum est,*

*mox ab eo stipulet, puto pupillo eum comparandum, quo-
niam et stipulando sibi adquirit* (1). Ainsi le jurisconsulte
nous dit qu'il estime que le prodigue doit être comparé
au pupille, parce qu'il peut, comme lui, devenir créancier en stipulant.

Toutefois des difficultés se sont élevées à cet égard à
cause d'un texte de Pomponius qui forme la loi 40, D.,
De regulis juris, L. 17, ainsi conçue : *Furiosis vel ejus
cui bonis interdictum sit, nulla voluntas est.*

Ainsi, d'après ce fragment du Digeste, le prodigue ne
se distinguerait pas du *furiosus*. Comme ce dernier, il
serait dépourvu de toute volonté et de toute capacité.
Comment, dès lors, comprendre que le prodigue ait pu
rendre sa condition meilleure, acquérir et stipuler? N'y
a-t-il pas une antinomie évidente entre la *regula juris*
formulée par Pomponius, et les nombreux textes qui
nous représentent le prodigue comme capable dans une
certaine mesure?

La vérité, c'est que les compilateurs du Digeste dans la
loi 40, D., L. 17 ont eu la maladresse d'ériger en règle
générale une proposition qui, dans la pensée du jurisconsulte Pomponius, n'était relative qu'à une espèce
spéciale, et n'avait pas le sens que les compilateurs lui

---

(1) L. 9, § 7, D., *De rebus creditis*, XII, 1. De ce texte on peut rapprocher
la l 25., D., *De fidej. et nomin.*, XLVI, 1, et un passage de Dion Cassius,
LVII, 23, où l'historien nous parle d'un sénateur à qui on donna un tuteur
comme à un pupille, parce qu'il menait une vie de désordre: Βουλευτῇ τινι
ἀσελγῶς ζῶντι ἐπίτροπον, ὥσπερ τινὶ ὀρφανῷ, προσέταξε.

ont donnée. Le fragment de Pomponius, en effet, comme le montre son intitulé, a été extrait du livre 34 du commentaire de Pomponius sur Sabinus. Ce livre, comme le montrent plusieurs textes du Digeste qui en ont été tirés, était relatif au régime des eaux (L. 30, D., *De acquir. rer. dom.*, XLI, 1 ; L. 2, D., *De flumin.*, XLIII, 12 ; L. 24, D., *De servit præd. rustic.*, VIII, 3 ; L. 3, *De aqua quotid.*, XLIII, 20 ; etc.). Or de la loi 40, *De regulis juris* dont nous nous occupons, on peut rapprocher un fragment de Pomponius, emprunté également au livre 34 du traité *ad Sabinum*, et qui forme les lois 19 et 20, D., *De aqua et aquæ pluviæ arcendæ*, XXXIX, 5. Ces deux dernières lois nous parlent de constructions élevées par un propriétaire de façon que les eaux pluviales se déversent sur le fonds du voisin. Elles ajoutent que ce dernier n'a pas l'action *aquæ pluviæ arcendæ*, lorsqu'il a laissé exécuter les travaux sans s'y opposer, à moins que, dit la loi 20, il ne puisse justifier d'une cause d'erreur : *Sed hoc ita, si non per errorem aut imperitiam deceptus fuerit ; nulla enim voluntas errantis est.* Pompeius devait ensuite, dans le même texte, donner le droit d'intenter l'action *aquæ pluviæ arcendæ* à l'interdit et au fou qui ne s'était pas opposé à l'exécution des travaux. Le prodigue, en effet, ne pouvait par son silence rendre sa condition pire et se causer un préjudice. Pomponius devait très probablement ajouter : *Furiosi vel ejus cui bonis interdictum sit, nulla voluntas est.* Les compilateurs du Digeste ont à tort pris cette proposition qui se référait à une hypothèse spéciale, pour la transformer en une règle générale. Ainsi s'explique, d'une façon assez naturelle, l'antinomie qui semble exister au premier abord entre le fragment du Digeste emprunté à Pomponius et les textes des autres jurisconsultes de l'époque classique (1).

Quoi qu'il en soit, le prodigue nous apparaît à l'époque classique comme pouvant rendre sa condition meilleure, c'est-à-dire acquérir un droit réel ou de créance, ou bien cesser d'être débiteur. A l'inverse, le prodigue était incapable d'aliéner et s'obliger par contrat. Toutefois il devenait débiteur par le fait des délits ou des quasi-délits qu'il pouvait commettre. On comprend en effet aisément que la loi n'ait pas cru devoir protéger le prodigue contre les conséquences de ces derniers actes. Par conséquent le prodigue était tenu de l'action *legis Aquiliæ* lorsqu'il avait commis un fait délictueux tombant sous le coup de cette loi.

Du principe que nous venons de formuler découlent des conséquences nombreuses : nous nous bornerons à signaler les principales.

Lorsque le prodigue aura passé avec un tiers un acte synallagmatique, tel que la vente, entraînant au profit des deux parties des obligations réciproques, cet acte sera

(1) V. sur ce point Jacques Godefroy. *Opera jurid. min. ad.* L. 40. *De reg. jur.*

valable en tant qu'il rendra meilleure la condition du prodigue, mais il ne produira pas d'effet, en tant qu'il aurait pour résultat de rendre pire la situation de notre incapable. Le pupille ne s'oblige pas lui-même, et ne pourra être contraint d'exécuter les obligations mises à sa charge par l'acte synallagmatique. Mais à l'inverse, le tiers qui a contracté avec lui sera obligé, et ne pourra se soustraire à l'exécution de ses obligations. Ainsi, en cas de vente, le prodigue aura l'action *venditi* pour obtenir le paiement du prix, et d'autre part, il ne sera pas soumis à l'action *empti*, tendant à faire obtenir la livraison de la chose vendue. Les textes donnent d'une manière formelle cette solution pour le pupille, il doit en être de même pour le prodigue (Inst., *De auct. tut.*, I, 21, pr. ; L. 13, § 29, *De act. empti et vend.*, XIX, 1 ; L. 5, § 1, D., *De auctoritate et consensu tutorum et curatorum*, XXVI, 8). On aboutirait au même résultat, si au lieu d'une vente on supposait un louage, un contrat de société ou bien encore un de ces contrats, qui, comme le mandat ou le dépôt, n'obligent en principe que l'une des parties, mais peuvent éventuellement obliger l'autre.

Toutefois, les solutions que nous venons de donner doivent être tempérées par ce grand principe juridique que nul ne doit s'enrichir aux dépens d'autrui. Dès lors le prodigue sera toujours obligé jusqu'à concurrence du profit qu'il aura tiré de l'acte, *in quantum locupletior factus est*. Dans cette mesure il pourra être actionné par l'autre partie. C'est ce que décidaient expressément les jurisconsultes romains (L. 3, § 4 ; L. 6 pr. ; L. 34 et 37 pr., D., *De negotiis gestis*, III, 5 ; L. 5 pr. et § 1, D., *De auct. et cons.*, XXVI, 8 ; L. 13, § 1 ; L. 14, D., *De condict. indebiti*, XII, 6 ; L. 3, pr., D., *Commodati*, XIII, 6 ; L. 10, D., *De institoria actione*, XIV, 3 ; L. 8, § 15, D., *ad Se. Velleianum*, XVI, 1 ; L. 1, § 15, D., *Depositi*, XVI, 3 ; L. 5, pr. et § 1, D., *De auct. et cons.*, XXVI, 8 ; L. 66, D., *De solutionibus*, XLVI, 3).

Les mêmes idées s'appliquent au paiement. Si un débiteur du prodigue s'acquittait entre les mains de ce dernier, le prodigue devenait propriétaire de la chose payée, car il rendait sa condition meilleure. D'autre part, le débiteur n'était libéré que dans la mesure de l'enrichissement du prodigue. Par conséquent, si ce dernier dissipait l'argent reçu, le débiteur était forcé de payer une seconde fois. Mais il pouvait opposer l'exception de dol au prodigue dans la mesure où celui-ci avait profité du paiement (L. 4, § 4, D., *De doli mali et metus exceptione*, XLIV, 4).

On peut supposer, au contraire, que le paiement est fait par le prodigue. Dans ce cas, d'une part le prodigue rend sa condition meilleure, puisque l'acte tend à le libérer et à éteindre son obligation. Mais, de l'autre, il aliène la chose donnée en paiement et rend pire sa condition. Par conséquent la dette sera éteinte ; de plus le prodigue pourra réclamer la chose donnée en paiement sauf à se voir opposer une exception de dol, car il ne doit pas s'enrichir au détriment d'autrui.

De même, par application du principe général, le prodigue était incapable de faire une novation, à moins qu'elle n'ait eu pour effet de rendre sa condition meilleure. C'est ce que nous dit Pomponius : *Cui bonis interdictum est, novare obligationem suam non potest, nisi meliorem suam conditionem fecerit* (L. 13, D., *De novat.*, XLVI, 2). Il s'agit dans ce texte d'un prodigue qui, étant créancier, stipule *novandi causa*. Cette stipulation tend à rendre la condition meilleure, en faisant naître une créance nouvelle au profit du stipulant, et à ce titre elle est valable. Mais, de plus, elle tend à faire périr l'ancienne créance, et à cet égard elle ne peut pas produire d'effet. Aussi le prodigue acquérait la nouvelle créance, et de plus il conservait celle qu'il avait voulu nover, sauf à se voir repousser par une exception de dol.

Un autre acte juridique du droit romain avait nécessairement pour effet à la fois de rendre meilleure et pire la condition de celui qui l'accomplissait : c'était l'adition d'hérédité. Si on avait appliqué ici, d'une façon rigoureuse, le principe que nous avons établi, il aurait fallu dire que le prodigue pouvait faire adition d'hérédité. Il aurait été investi de tous les droits actifs de la succession, sans être soumis aux dettes et aux legs, si ce n'est dans la mesure du profit par lui réalisé. Néanmoins les Romains décidaient d'une manière générale que l'adition d'hérédité était interdite au prodigue. Ils donnaient formellement celle solution pour le pupille (Inst., *De auct. tut.*, I, 21, § 1). Dès lors il faut l'étendre au prodigue, sa capacité étant régie par le même principe que celle du pupille. La raison qui avait porté les jurisconsultes romains à donner cette solution est facile à déterminer. L'hérédité, en droit romain, était considérée comme un tout indivisible. Dès lors on ne pouvait scinder l'adition dans ses effets, et considérer un individu à la fois comme héritier et étranger à une succession. C'est pourtant ce qui serait arrivé, si le prodigue avait pu être investi du passif sans être tenu de l'actif. A cette raison s'en ajoutait une autre d'équité. Il était injuste que les créanciers et les légataires de la succession subissent un préjudice uniquement par le fait d'autrui. Leur situation n'était pas analogue à celle des individus qui contractaient librement avec le prodigue, et ne pouvaient s'en prendre qu'à eux-mêmes, si, plus tard, ils étaient lésés par suite de leur imprudence à traiter avec un prodigue.

Un texte d'Ulpien semble cependant donner une solution certaine à celle que nous venons de présenter : *eum cui lege bonis interdicitur, heredem institutum posse adire hereditatem constat* (l. 5, § 1, D., XXIX, 2). Mais ce texte a dû être remanié profondément par les compilateurs du Digeste, car il est en contradiction avec la théorie générale. Les commissaires de Justinien ont voulu dire que le prodigue pouvait faire adition avec le *consensus*

de son curateur, solution vraie seulement au Bas-Empire, lorsqu'on eût admis que le curateur du prodigue
pouvait donner son *consensus* à l'incapable, ainsi que
nous le verrons. D'autres romanistes pensent qu'il faut
prendre le texte d'Ulpien, tel qu'il est, et permettre au
prodigue de faire adition d'hérédité. Il y aurait là une
décision spéciale (Demangeat, *Cours de droit romain*, I,
p. 770, n° 2 ; Petit, *Traité élémentaire de droit romain*,
1892, p. 134 ; Rudorff, *Vormundschaft*, I, p. 140, n° 51,
etc.). Mais cette opinion nous paraît contraire au principe général qui gouverne la capacité du prodigue à l'é-
poque classique. On ne peut admettre que le prodigue
ait été incapable de rendre sa condition pire, et que cependant il ait pu faire adition d'hérédité. Les jurisconsultes romains n'ont pu commettre ce défaut de logique.
M. Audibert (*op. cit.*, p. 212) explique le texte d'Ulpien
en disant qu'il s'applique seulement au prodigue qui était
interdit *lege* d'après la loi des XII Tables. Quant à celui
qui était soumis au nouveau système d'interdiction introduit par le préteur, il n'aurait pu faire adition. Cette
explication ingénieuse ne peut être admise, parce que
nous ne pouvons admettre cette dualité de systèmes d'interdiction à l'époque classique.

Ainsi le prodigue pouvait, comme le pupille impubère
sorti de l'*infantia*, faire seul les actes qui rendaient sa
condition meilleure, mais, à l'inverse, il était incapable
de faire ceux qui avaient pour effet de la rendre pire.

Dans ce second cas, son obligation était nulle *jure civili*, mais était-elle valable au moins en tant qu'obligation naturelle ? En d'autres termes, le prodigue incapable de s'obliger civilement pouvait-il s'obliger au moins naturellement ? La question présente un grand intérêt. Le débiteur, tenu d'une obligation naturelle et qui s'en acquitte, ne peut exercer la *condictio indebiti*. De même une obligation naturelle peut être opposée en compensation ou faire l'objet d'une novation. Elle peut servir de base à un pacte de constitut, à un cautionnement réalisé soit par voie de fidéjussion, soit par voie de *sponsio* ou de *fidepromissio* dans le cas où elle est née *verbis*. Enfin il est possible de garantir une obligation naturelle par une constitution de gage ou d'hypothèque.

Comme on le voit, la question que nous venons d'énoncer présente de nombreux intérêts pratiques. Toutefois la solution qu'il convient de lui donner a soulevé beaucoup de difficultés chez les interprètes du droit romain.

C'est qu'en effet on se trouve ici en présence de deux textes absolument contradictoires, tirés des œuvres du même jurisconsulte Ulpien. Le premier forme la loi 6 au Digeste au titre *De verborum obligationibus*, XLV, 1, ainsi conçu : *Is cui bonis interdictum est, stipulando tibi adquirit ; tradere non potest, vel promittendo obligari : et ideo nec fidejussor pro eo intervenire poterit, sicut nec pro furioso.*

Ainsi, d'après cette loi, un fidéjusseur ne peut pas

venir cautionner la dette du prodigue. C'est donc que ce dernier n'est pas même tenu d'une obligation naturelle. Ce qui le prouve encore, c'est que le texte assimile le prodigue au fou, qui est incapable d'avoir une volonté juridique.

Mais à côté de cette loi, s'en place une autre, la loi 25, au titre *De fidejussoribus et mandatoribus*, XLVI, 1, et qui porte : *Marcellus scribit : si quis pro pupillo sine tutoris auctoritate obligato, prodigove, vel furioso fidejusserit : magis esse, ut ei non subveniatur : quoniam his mandati actio non competit.*

Ce second texte, qui émane aussi d'Ulpien, nous donne une solution diamétralement opposée à celle du premier. Il nous dit, en effet, que le fidéjusseur qui a garanti la dette d'un prodigue, est tenu personnellement et ne peut être dispensé de payer. Comment expliquer cette anomalie ? Comment concilier les deux textes en présence ?

C'est là une question qui a soulevé de grosses difficultés. Pour nous, il nous semble que les jurisconsultes romains étaient tout simplement divisés, sur le point de savoir, si le prodigue pouvait s'obliger naturellement. Dans la loi 6 au Digeste, au titre *De verborum obligationibus*, nous avons la véritable pensée d'Ulpien. Au contraire, dans la loi 25, au titre *De fidejussoribus*, Ulpien exposait l'opinion d'un autre jurisconsulte, de Marcellus, et très probablement il la réfutait ensuite. Les compilateurs ont fait disparaître la fin du passage d'Ulpien pour consacrer l'opinion de Marcellus, sans se rappeler que l'opinion du premier se trouvait déjà indiquée dans la loi 6, *De verborum obligationibus*. Les deux textes que nous examinons s'expliquent donc d'une façon toute naturelle, par cette considération qu'ils reflètent l'opinion personnelle de deux jurisconsultes, sur une question controversée (1). Cette explication a au moins pour elle le mérite de la simplicité, et elle n'en est que plus vraisemblable, surtout quand on la compare avec les autres qui ont été proposées. De plus, dans ce système, la doctrine admise par les compilateurs du Digeste était en harmonie avec le principe que nous avons soutenu, et d'après lequel l'incapacité du prodigue était analogue à celle du pupille.

En sens contraire, plusieurs de nos anciens auteurs, Cujas (2), Doneau (3) et Pothier (4) estiment qu'en droit romain le prodigue ne pouvait même pas être tenu d'une obligation simplement naturelle. Ils expliquent les deux textes qui nous ont paru inconciliables, en s'appuyant sur la loi 70, D., *De fidejuss.*, § 4 : *Si a furioso stipulatus fueris, non posse te fidejussorem accipere certum est : quia non solum ipsa stipulatio nulla intercessisset, sed ne negotium quidem ullum gestum intelligitur. Quod si pro fu-*

---

(1) Ortolan, *Explication des Instit. de Justinien*, t. II, § 1805 ; Pellat, *Obligat. natur.*, p. 217.
(2) *Ad. leg.* 6, D., *De verbor. oblig.*
(3) *Ibid.*
(4) Pand., *De fidejuss.*; XVI.

*rioso jure obligato fidejussorem accepero, tenetur fide-
jussor.*

Cette loi, dit-on, peut être étendue au prodigue. Or elle prévoit deux hypothèses. Si le prodigue a voulu s'obliger par contrat, son engagement est nul complètement. Il n'y a même pas obligation naturelle, et partant il ne peut y avoir de fidéjussion valable. Cette première hypothèse est, ajoute-t-on, précisément celle de la loi 6, D., *De verborum obligationibus*. Au contraire, le second de nos textes, la loi 25, *De fidejussoribus*, se rattacherait à la seconde partie de la loi 70, § 4, *De fidejuss.* qui suppose un *furiosus* ou un prodigue obligé de plein droit *ex delicto* ou *quasi ex contractu*. Dans ce dernier cas l'engagement du prodigue est valable, et il pourrait faire l'objet d'une fidéjussion.

Nous croyons qu'il faut écarter cette opinion, pour cette raison qu'il est impossible, comme on le fait, de sous-entendre dans la loi 25, *De fidejuss.*, cette proposition essentielle, à savoir que le prodigue et le *furiosus* se trouvent valablement obligés par suite d'un délit ou d'un quasi-contrat. Rien ne nous y autorise. Loin de là. Le jurisconsulte, en effet, nous dit que le fidéjusseur ne pourra agir contre le prodigue par l'action *mandati*. Or, cette remarque serait absolument inutile, si le prodigue et le *furiosus* étaient valablement obligés dans l'espèce, car alors le fidéjusseur aurait l'action de gestion d'affaires, *negotiorum gestorum.*

Nous repoussons également l'explication proposée par Vinnius (1). D'après cet auteur, l'obligation contractée par un prodigue ne pouvait pas être garantie par une fidéjussion, comme le pose en principe la loi 6, *De verborum obligationibus*. Quant à la loi 25 au titre *De fidejussoribus*, elle n'aurait pas en vue un véritable fidéjusseur. Elle prévoirait l'hypothèse d'un tiers qui se porterait fort pour le prodigue, et qui garantirait l'exécution par ce dernier de son obligation. Nous répondrons que la solution présentée, se heurte d'une manière formelle, au texte de la loi 25 qui parle manifestement d'un fidéjusseur, s'engageant non en son propre nom et comme porte-fort, mais en qualité de débiteur accessoire, accédant à une obligation principale préexistante.

En sens opposé, d'autres interprètes du droit romain estiment que le prodigue pouvait s'obliger naturellement, conformément à la règle posée par la loi 25, D., *De fidejuss.* Quant à l'explication de la loi 6, *De verbor. oblig.*, elle serait la suivante (2). Pour concilier les deux textes, il faudrait distinguer, suivant que le fidéjusseur qui est intervenu, ignorait ou au contraire connaissait la situation du prodigue. Dans les deux hypothèses le fidéjusseur serait tenu *jure civili*, par suite de l'existence d'une obligation naturelle à la charge du prodigue. Mais, lors-

(1) Sous le titre XXI, *De fidejuss.*, t. II, p. 163.
(2) Machelard, *Oblig. natur.*, p. 266 et s. ; Accarias, *Précis*, t. II, p. 777 et 224, note 2.

qu'il pouvait établir sa bonne foi et prouver son erreur, il avait le droit d'invoquer une exception pour échapper aux conséquences de son engagement. La loi 6, *De verborum obligationibus*, s'appliquerait justement à ce second cas.

Cette nouvelle explication ne peut être admise, car rien, dans la loi 6, ne prouve que le fidéjusseur avait agi sans connaître l'incapacité du prodigue. Le texte nous parle d'une manière générale d'un individu qui s'est porté fidéjusseur pour le prodigue, sans faire aucune distinction. Il est impossible d'admettre que la loi 6 ait sous-entendu la condition essentielle que l'on veut y introduire.

Une dernière explication a été présentée. D'après son auteur (1) les commissaires de Justinien chargés de la rédaction du Digeste, auraient maladroitement corrigé le texte de Marcellus cité par Ulpien et qu'ils ont fait passer dans la loi 25 au titre *De fidejussoribus*. Dans cette opinion Marcellus parlait d'un *sponsor* et d'un *fidepromissor* mais non pas d'un *fidejussor*. Au lieu des mots : *Si quis pro pupillo, sine tutoris auctoritate obligato, prodigove, vel furioso fidejusserit*, le jurisconsulte disait : *Si quis..... spoponderit vel fidepromisserit*. Or nous savons par Gaius (2) que si le *sponsor* et le *fidepromissor* ne pouvaient accéder qu'à une obligation contractée *verbis*, ils

(1) Demangeat, *Cours élémentaire de droit romain*, 3ᵉ édition, t. II, p. 313.
(2) III, § 119.

le pouvaient, alors même que celui qui avait stipulé d'une façon principale ne se trouvait pas obligé. Le fidéjusseur, au contraire, pouvait accéder à toute obligation de quelque manière qu'elle eût été formée, pourvu qu'elle fût valable, sinon comme obligation civile, au moins comme obligation naturelle. Marcellus s'exprimait ainsi : « Lorsqu'une personne s'est portée *sponsor* ou *fidepromissor* pour un pupille qui a contracté sans l'*auctoritas* de son tuteur, pour un prodigue ou pour un *furiosus*, je pense qu'on ne doit pas lui venir en aide (c'est-à-dire en lui accordant une exception ou la *restitutio in integrum*) parce que l'action *mandati* ne peut exister à l'égard de ces personnes ».

Justinien aurait voulu appliquer au fidéjusseur la règle relative au *sponsor* et au *fidepromissor*. Dans cette opinion la loi 6 nous donnerait la véritable doctrine du droit classique, tandis que la loi 25 n'aurait plus de signification du temps de Justinien.

Nous repoussons également cette dernière explication, quelque ingénieuse qu'elle ait pu paraître. Nous verrons sans doute que la loi 25 est très suspecte d'interpolation, mais rien ne prouve, d'une façon certaine, le remaniement du texte de Marcellus par les compilateurs du Digeste dans le sens que l'on indique. On ne peut établir d'une manière certaine que le texte en question contenait les mots *spoponderit vel fidepromisserit*. Il n'y a là qu'une pure conjecture.

N'est-il pas plus simple et plus naturel d'admettre que Marcellus et Ulpien étaient en désaccord sur la solution à donner au problème que nous venons d'examiner ?

§ II. — *Du fou.*

A la différence de la prodigalité qui constitue un vice moral, la folie est une infirmité physique qui doit nécessairement entraîner une incapacité radicale, une incapacité de fait. Aussi nous voyons que la législation romaine, depuis son enfance jusqu'à son complet épanouissement, n'a jamais varié sur la condition qu'il convenait de faire au fou. Aussi avons-nous placé à cet endroit de notre travail l'étude de la capacité personnelle du fou.

Pour déterminer cette capacité, les jurisconsultes romains, à toute époque, ont établi une distinction entre les intervalles lucides et les moments de démence. Pendant ses intervalles lucides, le fou est pleinement capable de faire tous les actes juridiques. Sa capacité est aussi pleine et entière que celle de l'homme sain d'esprit, qui n'a jamais perdu la raison (1). Au contraire, tous les actes faits par le fou dans un moment de démence sont radicalement nuls (2). L'incapacité du fou devient alors complète et absolue. Peu importe, au reste,

(1) Inst., § 1, *Quib non est permiss.*, II, 12. — L. 2, C., *De contrah. empt.*, IV, 38.

(2) Inst., § 8, *De inutil. stip.*, III, 19. — L. I, § 12, D., *De oblig. et. act.*, XLIV, 7.

qu'il s'agisse d'actes tendant à rendre pire la condition de celui qui les fait, ou d'actes tendant à l'améliorer. On ne tient pas compte ici de cette distinction qui, ainsi que nous l'avons vu, joue un si grand rôle en matière de prodigalité. C'est qu'en effet le fou n'a aucune intelligence, aucune volonté. *Non intelligit quod agit*, disent les textes.

D'autre part, lorsque le préteur vint protéger le *demens*, l'incapacité de ce dernier fut déterminée par les mêmes principes que celle du *furiosus*. Les textes confirment cette solution, parce qu'ils ne relèvent entre les deux sortes d'aliénés aucune différence de condition. L'incapacité du *demens* tenant à la faiblesse d'esprit ne pouvait durer qu'autant que cette faiblesse d'esprit elle-même.

La distinction faite par la législation romaine entre les intervalles lucides et les moments de démence était simple et rationnelle. Mais elle était des plus dangereuses dans la pratique parce qu'elle soulevait de grandes difficultés. Dans chaque espèce, en effet, le juge était appelé à rechercher si le fou avait agi en état de démence ou de lucidité. Il y avait là pour lui, une question de fait des plus délicates à résoudre, et une source interminable de procès. De plus dans le doute et en l'absence de preuves formelles, le juge devait présumer que l'acte avait été fait dans un intervalle lucide. D'où cette conséquence qu'une règle de protection établie en faveur de l'incapable risquait fort de se retourner contre lui (1).

Le principe posé par la loi romaine quant à la capacité du fou eut, en outre, comme conséquence de soulever une difficulté assez sérieuse chez les jurisconsultes de l'époque classique. Lorsque le fou recouvrait sa pleine capacité par la survenance d'un intervalle lucide, est-ce que son curateur perdait chaque fois ses pouvoirs? Ou bien, au contraire, restait-il en fonctions? La même question dut se présenter plus tard pour le *demens*, dans le cas où la faiblesse d'esprit prenait fin chez lui. Cette question paraît avoir été assez sérieusement discutée en droit romain. Justinien qui nous indique la controverse la trancha dans le sens suivant : le curateur du fou devait conserver d'une façon régulière et continue son titre et sa qualité, même pendant la durée des intervalles lucides. Seulement le curateur cessait ses fonctions chaque fois que le fou retrouvait sa raison, sauf à les reprendre à toute manifestation nouvelle de folie (2). Comme on le

(1) Accarias, t. I, nº 171, p. 411.

(2) L. 6, C. *De curat. fur.*, V. 70. — M. Accarias (*Précis*, t. I, p. 433, nº 1) pense que la doctrine la plus ancienne était celle qui admettait le maintien des pouvoirs du curateur, malgré la survenance des intervalles lucides. M. Audibert, *op cit.*, p. 66 et suiv. est d'un avis contraire. D'après lui, la règle ancienne c'était que les pouvoirs du curateur prenaient fin dès que le fou revenait à la raison même temporairement La controverse ne se serait élevée que plus tard, précisément lorsque se produisit la réforme prétorienne, consistant à reconnaître l'incapacité du *demens*. A notre avis, l'opinion de M. Audibert, si ingénieuse qu'elle paraisse, de même que celle de M. Accarias, ne peut constituer qu'une conjecture. Les textes nous apprennent seulement que les jurisconsultes romains discutèrent la question de savoir si la survenance des

voit, la règle romaine devait soulever dans la pratique de sérieuses difficultés.

Faisons observer, toutefois, que le fou était tenu des obligations qui naissaient des délits et des quasi-délits, et de celles qui se formaient *re*, indépendamment de son consentement, sans son concours. Nous faisons allusion notamment aux obligations qui peuvent découler d'une gestion d'affaires ; le prodigue y sera soumis (L. 3, § 5, D., *De neg. gest.*, III, 5). De même encore, on peut supposer qu'une personne, copropriétaire d'un immeuble avec le fou, a fait des dépenses nécessitées pour la conservation de la chose commune. Dans ce cas, le fou devra indemniser son communiste, et payer sa part dans les dépenses (L. 46, D., *De oblig.*, XLIV, 7).

Sous le bénéfice de ces réserves, le fou était absolument incapable de s'obliger civilement, en état de démence. Pouvait-il s'obliger au moins naturellement ? En d'autres termes, lorsque, dans un moment de démence, le fou avait figuré dans un contrat, son obligation, nulle *jure civili*, était-elle au moins valable en tant qu'obligation naturelle ? Nous avons examiné un peu plus haut la même question pour le prodigue.

Nous avons montré, en étudiant la loi 25, D., *De fidej.*

---

intervalles lucides devait faire cesser les pouvoirs du curateur. Justinien nous indique aussi en quels termes il trancha la controverse. Mais là se bornent nos connaissances ; en dehors des indications qui nous sont ainsi fournies par les sources, on ne peut présenter que des conjectures plus ou moins hasardées.

et mand., XLVI, 1, que les jurisconsultes romains avaient discuté la question de savoir si le prodigue était tenu d'une obligation naturelle, et nous avons dit que les compilateurs du Digeste s'étaient prononcés en ce dernier sens.

Faut-il donner la même solution pour le fou? Nous ne le pensons pas. Le fou, en droit romain, ne pouvait être tenu d'une obligation même simplement naturelle. Mais alors comment expliquer la loi 25, D., *De fidej.*, qui nous parle formellement du fou : *Marcellus scribit, si quis pro pupillo sine tutoris auctoritate obligato, prodigove,* VEL FURIOSO *fidejusserit...*?

La vérité, c'est que le texte de Marcellus qui a passé dans la loi 25, a été altéré par les compilateurs en ce qui concerne les mots *vel furioso* (1). Deux raisons justifient cette solution. Tout d'abord c'est la forme incorrecte *prodigove vel furioso.* Il y a là une conjonction qui est répétée deux fois. Un jurisconsulte de l'époque classique ne se serait pas exprimé ainsi. A côté de cette première incorrection de langage, il en est une seconde dans la phrase suivante du texte : ei *non subveniatur, quoniam* his *mandati actio non competit.* Le même pronom appliqué à la même personne est employé à la fois au singulier et au pluriel. Un tel solécisme ne peut être mis qu'à la charge des compilateurs. Cette seconde incorrection nous prouve que le passage de Marcellus a été remanié.

(1) Comp. M. Audibert, *op. cit.*, p. 289 et suiv.

N'est-il pas dès lors très vraisemblable d'admettre l'addition, par les compilateurs, des mots *vel furioso*, dont la forme est manifestement incorrecte ?

En second lieu, comment admettre que le fou qui n'a aucune volonté et aucune intelligence, *qui non intelligit quod agit*, puisse s'obliger même naturellement ? Une telle solution serait contraire à la raison et au bon sens. On ne peut l'imputer aux jurisconsultes romains. Il y aurait là une véritable hérésie juridique. C'est par inadvertance que les compilateurs ont fait suivre le mot *prodigove* de ceux : *vel furioso*.

Faisons remarquer, à cet égard, que des difficultés très sérieuses s'élèvent aussi dans notre droit, sur le point de savoir, si on doit considérer comme valable le cautionnement fourni pour sûreté d'une obligation contractée par un interdit. Les interprètes se prononcent en sens très divers (1).

Telles étaient les règles générales de la législation romaine sur la capacité du fou. Elles passèrent dans notre ancien droit. Nos vieux auteurs semblent admettre ce principe, que l'aliéné n'est incapable que quand il se trouve sous l'empire de la folie. C'est la doctrine exposée par Bourjon (*Droit commun de la France*, I, tit. VI, chap. IV, sect. I) : « Si la démence, dit-il, quitte et vient par intervalles, l'interdiction n'a lieu que pendant la dé-

____

(1) Laurent, *Principes de droit civil*, n° 140, p. 153 ; Aubry et Rau, t. 4, § 424, n° 7.

mence et cesse lors des intervalles lucides ». Ricard est
dans le même sens (*Traité des donations*, 1re part.,
chap. 3, sect. 3) : « Dès l'instant qu'il a recouvré son bon
sens, l'interdit purge l'incapacité qu'il avait contractée,
sans qu'il ait besoin du décret du juge, quoiqu'il eût in-
terposé son autorité lors de la démence en lui donnant
un curateur. Et même bien davantage : les lois ont voulu
que, si la démence n'est pas continue, les testaments et
les autres actes qui se trouvent faits pendant les bons
intervalles soient exécutés, et que l'autorité du curateur
qui avait été nommé, demeure en suspens, pour reprendre sa force durant les intervalles moins heureux ». Il
semble bien que pour nos anciens auteurs, l'aliéné était
incapable simplement dans les moments de folie ; il recouvrait sa capacité dans les intervalles lucides.

Le système du Code civil est tout différent de celui du
droit romain et de notre ancien droit. Il applique deux
régimes différents, suivant qu'il s'agit d'un faible d'esprit ou d'un fou. Notre loi interdit ce dernier. Cette mesure a pour effet de rendre celui qui en est frappé complètement incapable : tous les actes qu'il passe sont nuls de
droit (art. 502). Le faible d'esprit est seulement soumis
à l'autorité d'un conseil judiciaire. Son incapacité ne
s'étend qu'à certains actes limitativement déterminés,
qui ont paru au législateur plus graves que les autres.

Comme on le voit, le Code civil a rompu avec les principes romains.

Section III. — Obligations et fonctions du curateur
du prodigue et du fou.

A toute époque de la législation romaine, les obligations du curateur du prodigue et du fou, et les fonctions qui en découlaient pour lui, de même que celles du curateur de l'adolescent mineur de 25 ans, ne pouvaient avoir pour objet que les biens. C'était la règle en matière de curatelle et de tutelle. Le tuteur et le curateur n'avaient à s'occuper que du patrimoine et non de la personne même de l'incapable. Le pupille était confié par le magistrat aux soins d'un parent, d'un ami distinct du tuteur. De même le prodigue restait maître de sa personne. Par exception, le curateur du fou devait veiller à la guérison de ce dernier, et appliquer les revenus du patrimoine à cet objet. C'est ce que les textes nous apprennent formellement (1). Notre Code civil veut également que les revenus d'un interdit soient employés « à adoucir son sort et à accélérer sa guérison » (art. 510).

En ce qui concerne les biens, les obligations et les fonctions du curateur du prodigue et du fou, à l'époque classique, se résumaient dans la formule suivante : le curateur devait gérer le patrimoine de l'incapable, et il ne pouvait que gérer. Nous allons examiner successivement les deux termes de cette proposition.

(1) L. 7, pr. D. *De curatoribus fur.*, XXVII, 10.

§ I. — *Obligations du curateur.*

La loi imposait formellement au curateur du prodigue et du fou, l'obligation de conserver et de faire prospérer la fortune de l'incapable. En d'autres termes, il était tenu d'administrer et de bien administrer le patrimoine de l'incapable. Cette obligation était commune au curateur du prodigue et du fou, et au tuteur de l'impubère. Elle entraînait des conséquences nombreuses. Ainsi la loi ordonnait au curateur, comme au tuteur, à son entrée en fonctions, de vendre les choses sujettes à dépérissement, telles que les maisons, les esclaves, et celles qui étaient improductives comme les objets d'or et d'argent (L. 5, § 9, D., *De adm. et peric.*, XXVI, 7). — (L. 22, pr. C., *De adm. et peric.*, V, 37).

En outre, de même que le tuteur du pupille, le curateur était obligé de recouvrer les créances dues au prodigue et au fou ; et il répondait de l'insolvabilité du débiteur survenue faute de poursuites en temps utile (L. 15 ; L. 9, § 1, D., *De adm. et per.*, XXVI, 7). Il était tenu de payer les dettes de l'incapable lorsqu'elles étaient certaines et exigibles (L. 9, § 5, D., *De adm. et per.*, XXVI, 7) ; de faire accepter les successions avantageuses, les legs ou les donations soit entre-vifs soit *mortis causa.*

Ainsi encore, sur le curateur du prodigue et du fou pesait l'obligation, également imposée au tuteur du pupille, de placer les sommes d'argent provenant soit de la vente de certains biens de l'incapable, soit des successions recueillies par ce dernier, soit du recouvrement des créances. L'intérêt du prodigue et du fou exigeait, en effet, impérieusement que ces sommes d'argent ne restassent pas improductives entre les mains du curateur. De là l'obligation pour ce dernier de faire emploi et de placer les sommes recueillies par lui pour le compte de l'incapable. Mais, bien entendu, la loi romaine n'avait pu l'obliger à faire un placement immédiat à chaque recouvrement.

Le magistrat déterminait le chiffre à partir duquel commençait, pour le curateur, l'obligation de faire emploi, et de plus, le mode de cet emploi (L. 5, pr., *De adm. et periculo tutorum*, XXVI, 7 ; L. 17, §§ 3, 4, 7, 10, 11, D., *h. t.* ; L. 15, D., *h. t.* ; L. 73, D., *De procuratoribus*, 3, 3).

Enfin le curateur était tenu de fournir les sommes nécessaires à l'entretien et à l'éducation du prodigue ou du fou. Ces frais ne devaient pas excéder, ni même absorber entièrement les revenus de l'incapable (L. 12, § 3 ; L. 7, § 8, D., *De adm. et periculo tutorum*, XXVI, 7).

Voilà en quoi consistaient les principales obligations du curateur ; il devait bien administrer. La même obligation pesait aussi, avec toutes ses conséquences, sur le tuteur du mineur de 25 ans.

Le curateur du prodigue et du fou avait donc des obligations nombreuses et variées à remplir. Pour y satisfaire, il était investi de certains pouvoirs que nous allons étudier maintenant.

§ II. — *Pouvoirs du curateur*.

Les pouvoirs du curateur du prodigue et du fou, en droit romain, étaient très étendus à l'origine. C'était la conséquence du caractère que la loi des XII Tables reconnaissait à cette curatelle. Le curateur se trouvait investi d'une *potestas*, d'une sorte de puissance analogue à la puissance paternelle (1). Le texte même de la loi des XII Tables l'impliquait : *Si furiosus escit, adgnatum gentiliumque in eo pecuniaque ejus* POTESTAS *esto* » (Cic., *De invent.*, II, 50, 148 ; *Tuscul.*, III, 5, 11). Aussi voyons-nous des textes nous dire que le curateur était comme propriétaire des biens de l'incapable : *vice domini, loco domini*. C'est ce que nous dit la loi 157, pr., D., *De reg. jur.*, L. 17 : *vice dominorum sunt tutores et curatores* (Comp. 1. 56, § 4, D., *De privatis delictis*, XLVII, 2 ; l. 11, § 7, D., *Quod vi aut clam.*, XLIII, 24). Cicéron nous atteste que l'incapable était réputé n'être plus propriétaire : *qui ita sit adfectus (furiosus), eum dominum esse rerum suarum vetant duodecim tabulæ. (Tuscul.*, III, 5, 11).

---

(1) Voigt, *XII Tafeln*, II, § 163, nᵒˢ 5-8 ; Gérardin, *La tutelle et la curatelle dans l'ancien droit romain, Nouvelle Revue historique de droit*, 1889, p. 6-10 ; Audibert, *la Folie et la prodigalité*, t. 1, p. 214.

Voilà quelle était la conception primitive des pouvoirs du curateur. Elle est allée en s'affaiblissant peu à peu avec les progrès de la civilisation, et le développement des idées nouvelles, comme nous allons le constater.

A l'époque classique, les pouvoirs d'administration du curateur du prodigue et du fou nous apparaissent encore comme très étendus. Le curateur, en effet, pouvait faire non seulement les actes que nous rangeons aujourd'hui parmi les actes d'administration, tels que les baux, mais, même quoique non propriétaire, il pouvait aliéner les biens du prodigue et du fou.

C'est ce que les textes nous montrent clairement. La loi 48 au Digeste, au titre *De administratione et periculo tutorum*, XXVI, 7, nous dit que le curateur n'avait pas seulement la *custodia* mais la *plena rerum administratio*, c'est-à-dire un très large pouvoir d'administration. Gaius nous apprend aussi que le curateur du fou avait le droit de vendre les biens du fou (1) ; et cette règle doit être étendue au curateur du prodigue. Au surplus, nous avons déjà vu que la loi obligeait même, le curateur du prodigue et du fou, lors de son entrée en fonctions, à aliéner les choses improductives ou exposées à dépérir.

Toutefois, certains actes furent toujours interdits au curateur du prodigue et du fou. Nous faisons allusion tout d'abord aux affranchissements, de quelque façon qu'ils soient faits. Cette prohibition découlait tout natu-

_____
(1) Gaius, II, § 64.

rellement du principe que nous avons exposé plus haut, d'après lequel le curateur du prodigue et du fou, de même que le tuteur du pupille, devait conserver et même augmenter le patrimoine de l'incapable. C'était là, avons-nous dit, l'obligation principale qui pesait sur le curateur. On comprend donc que ce dernier n'ait pu faire un affranchissement, acte qui entraînait une diminution de patrimoine du prodigue et du fou, et ce sans la moindre compensation.

Les textes sont formels en ce sens (1).

Il est une autre catégorie d'actes juridiques qui, pour les mêmes raisons, furent aussi toujours défendus au curateur du prodigue et du fou, comme, du reste, au tuteur de l'impubère : nous voulons parler des actes à titre gratuit. Le curateur ne pouvait faire une donation entre-vifs ou *mortis causa* des biens du prodigue. Comment, en effet, aurait-il pu aliéner à titre gratuit, des biens qu'il avait pour mission de conserver et de faire fructifier ? (L. 12, § 3 ; L. 22, D., *De administratione et periculo tutorum*, XXVI, 7). Par exception, on permettait toutefois au curateur de faire les présents d'usage, et de fournir des aliments à un proche parent du fou ou du prodigue. Mais il fallait en outre l'autorisation du magistrat.

De la règle que nous venons de formuler, relativement aux donations, il résulte que certains actes sont interdits

____

(1) V. notamment la loi 17, D., 27, 10.

ou, au contraire, permis au curateur du prodigue et du
fou, suivant qu'ils présenteront ou non un caractère à
titre gratuit. Ainsi le curateur pourra transiger toutes
les fois qu'une difficulté vraiment sérieuse se sera élevée ;
mais la transaction sera interdite, lorsqu'elle aura simplement pour objet de dissimuler l'abandon gratuit d'un
droit certain ou d'une prétention bien fondée (1). De
même, la délation du serment par le curateur à un adversaire de l'incapable, ne sera permise que dans le cas où
toutes les preuves feront complètement défaut (L. 35, pr.
D., *De jurej.*, XII, 2). Même solution pour l'acquiescement à une demande en justice formée contre l'incapable, ou à un jugement rendu contre lui (L. 11, C., *De adm.
et peric.*, V, 37) ; pour le désistement à une demande formée par le prodigue ou le fou (même texte) ; pour la
novation (L. 22, D., *De adm. et peric.*, XXVI, 7). Ces
actes, le curateur pourra ou non les faire, suivant qu'ils
seront avantageux ou non à l'incapable.

Enfin, sous Septime-Sévère et Caracalla, un sénatus-
consulte vint restreindre les pouvoirs du curateur, du
prodigue et du fou, relativement à l'aliénation à titre
onéreux. Ce sénatus-consulte, proposé par l'empereur
Septime-Sévère, ne parlait que de l'impubère en tutelle,
mais il fut étendu par la jurisprudence au prodigue et
au fou, comme du reste au mineur de 25 ans (L. 8, § 1 ;
L. 11, D., *De reb. eor.*, XXVII, 9). Il décidait que le

(1) L. 40, § 7, D., *De adm. et peric.*, XXVI, 7.

curateur de ces incapables ne pouvait aliéner à titre onéreux les *prædia rustica vel suburbana* du prodigue et du fou, c'est-à-dire les immeubles autres que les maisons et les terrains situés dans les villes (1). On considérait que ces biens, d'une grande valeur et d'un rapport élevé, devaient être respectés par le curateur.

Leur aliénation n'était permise par le sénatus-consulte que dans certains cas déterminés, par exemple lorsqu'il s'agissait d'un immeuble indivis entre le prodigue et une personne capable qui demandait le partage (2). De même le sénatus-consulte permettait de vendre les immeubles en question pour payer une dette exigible de l'incapable, et éviter à ce dernier une *bonorum venditio*. Encore le curateur devait-il être autorisé par décret du magistrat rendu après une *causæ cognitio*.

L'évolution qui tendait à restreindre les pouvoirs du curateur se continua avec le temps, et nous voyons postérieurement une constitution de Constantin étendre la prohibition du sénatus-consulte de Septime-Sévère aux autres immeubles, aux *prædia urbana* et aux meubles précieux.

A l'aliénation proprement dite, les jurisconsultes assimilent la constitution de gage ou d'hypothèque, l'établissement d'un usufruit ou d'une servitude prédiale, et

(1) L. 1, § 2, D., *De reb. cor.*, XXVII, 9.
(2) L. 17, C., *De præd. et al. reb. min.*, V, 71.

l'abandon d'un pareil droit (L. 8, § 1 ; L. 11, D., *De reb. eor.*, XXVII, 9 ; L. 2, C., *De curat. fur.*, V, 70).

Pour terminer cette étude des pouvoirs du curateur du prodigue et du fou, il convient de signaler un certain nombre d'actes, les *actus legitimi*, qui, à raison de leur nature et de leur forme, exigeaient l'intervention personnelle de l'intéressé. Le curateur ne pouvait les accomplir personnellement, en tant que gérant le patrimoine de l'incapable.

C'étaient les *legis actiones*, formes anciennes de la procédure à Rome, l'aliénation par voie de *mancipatio* ou de *cessio in jure*, l'*acceptilatio*, remise de dette suivant certaines formes solennelles, l'adition ou la répudiation d'une hérédité, l'adrogation.

Nous avons ainsi déterminé en quoi consistaient les pouvoirs d'administration du curateur du prodigue et du fou. Nous avons vu que très étendus à l'origine ils avaient été restreints peu à peu. Il nous reste à montrer quel était le rôle exact joué par le curateur lorsqu'il gérait le patrimoine de l'incapable.

Dans ce cas, le curateur agissait seul et en personne. Lui seul jouait le rôle de partie dans l'acte et figurait sur la scène juridique. Le prodigue et le fou restaient complètement étrangers aux actes accomplis par le curateur et qui étaient l'œuvre personnelle de ce dernier. Lorsque le curateur acquérait, lorsqu'il stipulait ou s'engageait, il devenait personnellement acquéreur, créancier ou débiteur, bien qu'au fond il eût agi dans l'intérêt de l'incapable et non dans le sien. On regardait néanmoins le curateur comme le véritable intéressé, comme le seul et unique maître de l'affaire. Aussi les conséquences régulières des actes accomplis par le curateur se réalisaient-elles en la personne même du curateur. Nous nous trouvons ici en présence du vieux principe romain de la non représentation dans les actes juridiques, d'après lequel, les actes faits par une personne, ne pouvaient jamais être réputés faits par une autre. Aussi les tiers qui avaient traité avec le curateur n'avaient action que contre lui, et réciproquement le curateur seul avait action contre eux. Les mêmes principes s'appliquaient au tuteur de l'impubère lorsqu'il gérait les biens de ce dernier. Plus tard, vers la fin du second siècle, on admit que les actions passeraient activement et passivement à l'incapable à titre d'actions utiles (LL. 2, 5, 7 et 8, D., *Quando ex facto tutoris*, XXVI, 9 ; L. 3, C., *Quando ex facto tutoris*, V, 39).

Nous avons étudié ainsi, d'une façon générale, les pouvoirs du curateur du prodigue et du fou. Il était chargé de gérer et d'administrer le patrimoine de l'incapable. C'était un gérant d'affaires, un *negotiorum gestor*. Nous ajoutons qu'il pouvait seulement gérer ; c'est le second terme de la proposition que nous avons formulée au début de cette section et que nous devons envisager maintenant.

On sait que les fonctions du tuteur de l'impubère, et du curateur de l'adolescent mineur de 25 ans, étaient doubles. La fonction essentielle et caractéristique du tuteur consistait à interposer son *auctoritas* dans les actes faits par le pupille, c'est-à-dire à compléter la personnalité juridique de ce dernier. Mais, en outre, le tuteur pouvait intervenir en gérant les affaires du pupille.

De même, le curateur de l'adolescent pouvait administrer en son nom propre les biens de ce dernier. Parfois aussi, il se bornait à assister le mineur, en validant par son assentiment, son *consensus*, l'acte à conclure. Cet assentiment différait toutefois essentiellement de l'*auctoritas* du tuteur. Le curateur n'avait pas à compléter la personne juridique du mineur. Par suite, à la différence du tuteur, il n'était pas obligé d'assister à l'opération et d'être présent *in ipso negotio*. Son consentement pouvait être donné après coup, une fois l'acte fait, et aucune formalité spéciale n'était requise, alors que l'*auctoritas tutoris* exigeait des paroles solennelles.

Les règles que nous venons d'esquisser rapidement pour le curateur de l'adolescent mineur de 25 ans, s'appliquaient-elles également au curateur du prodigue et du fou ? Est-ce que les fonctions du dernier étaient doubles comme celles du premier ?

Nous avons dit que le curateur du prodigue et du fou pouvait gérer et administrer les biens de l'incapable et nous avons étudié les pouvoirs du curateur à cet égard.

Mais le curateur du prodigue et du fou pouvait-il en outre, comme le curateur de l'adolesceut, assister l'incapable en lui fournissant son *consensus* ?

Aucune difficulté ne peut se présenter pour le curateur du fou. Cette personne devra naturellement gérer,
et elle ne pourra que gérer. Comment pourrait-elle donner son *consensus* au fou, puisque ce dernier, en état de
démence, est complètement incapable, sans aucune volonté, puisque *non intelligit quod agit* ? Ou bien le fou
sera dans un intervalle lucide, et alors l'acte qu'il fera
sera pleinement valable, ou bien il se trouvera en état
de démence et l'acte sera radicalement nul. Le curateur
ne pourra pas le valider après coup par son consentement. En résumé il avait tout ou rien à faire suivant l'é-
tat dans lequel se trouvait le fou.

La même solution doit être donnée, croyons-nous, pour
le curateur du prodigue (1). Lui aussi il ne pouvait que
gérer et administrer les biens du prodigue. Il n'avait pas
à concourir aux actes faits par l'incapable pour lui prê-
ter son *consensus*. Ou bien le prodigue agissait lui-même,
et alors l'acte accompli par lui était valable, ou, au contraire nul, suivant qu'il avait pour effet de rendre meilleure ou de rendre pire la condition du prodigue. Ou
bien le curateur avait agi lui-même, et l'acte était plei-

---

(1) Rudorff, *Vormundschaft*, I, p. 141 ; Labbé, sur Ortolan, *Explic. hist.
des Inst.*, append. VII ; Gérardin, *La tutelle et la curatelle dans l'ancien
droit romain, Nouvelle Revue hist. de droit*, 1889, p. 11-12.

nement valable, s'il avait été fait par le curateur dans la limite de ses pouvoirs. Mais le curateur ne pouvait pas, par son consentement, valider les actes faits par le prodigue, lorsqu'ils rendaient pire la condition de ce dernier.

La solution que nous venons de présenter, résulte des textes qui nous montrent que les pouvoirs du curateur du fou et du prodigue étaient les mêmes. Ainsi la loi 1, pr. D., *De curatoribus furioso*, XXVII, 10, nous fait entendre que la mission du curateur du prodigue était analogue à celle du fou : on donnait un curateur au prodigue *exemplo furiosi*. D'autre part, quand on analyse les textes des jurisconsultes de l'époque classique, on voit qu'ils nous parlent toujours en termes absolus de l'incapacité dont était frappé le prodigue. On ne les voit pas supposer que le prodigue agit seul ou, au contraire, avec le consentement du curateur (l. 10 pr., D., *De cur. fur.*, XXVII, 10 ; l. 3, D., *De novat.*, XLVI, 2 ; l. 5, § 1, D., *De acq. vel omit. her.*, XXIX, 2 ; etc.). D'autres textes nous montrent le curateur agissant seul, et ne faisant pas intervenir le prodigue (l. 28, § 1, D., *De pactis*, II, 14 ; l. 4, § 25, D., *De dol.*, XLIV, 4).

Telle était la théorie générale du droit classique sur les pouvoirs du curateur du prodigue et du fou.

CHAPITRE III

DE LA CURATELLE DU PRODIGUE ET DU FOU SOUS LE BAS-EMPIRE.

L'institution de la curatelle du prodigue et du fou ne devait pas se modifier sensiblement à l'époque du Bas-Empire. Nous retrouvons encore à ce moment les traits distinctifs que notre institution présentait à l'époque classique. Nous n'aurons à signaler que quelques changements.

Section I. — Changements apportés à l'organisation de la curatelle. Disparition de la curatelle légitime des agnats. — Modifications apportées quant aux personnes qui pouvaient être appelées à la curatelle.

A l'époque classique, comme nous l'avons vu, on distinguait deux sortes de curateurs, d'une part les curateurs légitimes, c'est-à-dire les agnats et les gentils de l'incapable, d'autre part les curateurs datifs nommés par le préteur. Cette distinction existait-elle encore dans le droit de Justinien? C'est là une question assez vivement débattue par les interprètes du droit romain.

Dans une première opinion, on soutient que la curatelle légitime des agnats existait encore sous le Bas-Empire (1). On invoque à l'appui de cette solution plusieurs textes, tirés, soit d'écrits de jurisconsultes, soit de constitutions impériales, et qui consacrent le droit des agnats, en matière de curatelle : ainsi Gaius, dans un fragment du Digeste, nous dit : *Sæpe ad alium e lege duodecim* tabularum *curatio furiosi aut prodigi pertinet, alii prætor administrationem dat, scilicet quum ille* legitimus *inhabilis ad eam rem videatur* (2). On se fonde aussi sur un passage de Marcellus qui forme la loi 12 du même titre au Digeste ainsi conçue : *Ab agnato vel alio curatore furiosi, rem furiosi dedicari non posse constat; agnato enim furiosi non usquequaque competit rerum ejus alienatio : sed quatenus negotiorum exigit administratio.* De même encore les partisans de la thèse que nous exposons se fondent sur une constitution d'Anastase qui appelle à la curatelle, au même titre que les agnats, le frère émancipé du *furiosus : Ne lucrum quidem antea indebitæ successionis emancipato, vel emancipatis deputasse, nihil vero de oneribus tutelæ prospexisse videamur :* curatores nihilominus eos pro duodecim tabularum lege *furiosis fratribus et sororibus* utpote legitimos *existere,* hac legis sanctione *decernimus* (L. 5, C., *De cur. fur.,* V, 70). Jus-

---

(1) Accarias, *Précis*, t. I, p. 434 ; May, *Eléments de droit romain*, 1889, t. I, p. 213 ; Ortolan, *Inst.*, t. I, n° 270.

(2) L. 13, D., *De cur. fur.*, XXVII, 10.

tinien, ajoute-t-on, nous parle lui aussi, dans une de ses constitutions, d'agnats appelés à la curatelle : *Sin autem...* lex *curatorem* utpote adgnatum *vocaverit* (L. 7, §6, C., *De cur. fur.*, V, 70).

Tous ces textes, dit-on, montrent que sous le Bas-Empire la curatelle légitime existait, comme dans le droit antérieur, à côté de la curatelle dative. Cette solution ne nous semble pas exacte. Des textes invoqués il résulte, sans doute, que les agnats venaient encore à la curatelle sous Justinien, mais ils y venaient en qualité de curateurs honoraires, et non de curateurs légitimes. Un décret devait être rendu par le magistrat pour investir les agnats de leurs fonctions de curateur. Voilà, à notre sens, la solution qui ressort des textes précédents. Il serait impossible, sans cela, de comprendre deux passages, l'un des Instituts, l'autre du Digeste, qui nous disent formellement qu'à l'époque de Justinien, il n'y avait que des curateurs nommés par le magistrat : *Furiosi quoque et prodigi... in curatione sunt adgnatorum ex lege duodecim tabularum.* Sed solent Romæ præfectus Urbi vel prætor, et in provinciis præsides *ex inquisitione eis curatores dare* (*Inst.*, I, 23, 3). Les mêmes expressions si significatives se retrouvent ailleurs au Digeste : *Lege duodecim tabularum prodigo interdicitur bonorum suorum administratio....*, sed solent hodie prætores vel præsides...., *curatorem ei dare exemplo furiosi* (L. 1, pr. D., De cur. fur., XXVII, 10).

R. 7

Il est vrai que les partisans de la thèse contraire se sont prévalus, pour écarter le passage des Institutes que nous venons d'invoquer, de la paraphrase de Théophile, dans le passage correspondant au texte des Institutes, d'après laquelle il n'y avait lieu à la curatelle dative que dans l'hypothèse où aucun agnat ne pouvait être curateur (1). Mais on rencontre fréquemment des inexactitudes dans la paraphrase de Théophile, et elle n'a qu'une valeur très relative (2).

D'autre part, on ne peut sérieusement soutenir, comme on a toutefois tenté de le faire, que les deux textes invoqués par nous signifient, que le magistrat donnait des curateurs aux prodigues et aux fous, seulement à défaut d'agnats. Cette interprétation se heurte d'une manière évidente au sens naturel du texte, qui établit une opposition très nette, entre le système ancien et la pratique alors suivie.

Concluons donc de cette discussion que la curatelle des agnats existait encore sous le Bas-Empire, mais qu'elle avait perdu son aspect primitif et s'était transformée en curatelle dative. Dans le dernier état du droit romain la curatelle, légitime avait complètement disparu ; en cas de folie comme en cas d'interdiction, il n'y

____

(1) Ἀλλ'ἐν τῇ Ῥύμῃ ὁ τῆς πόλεως ἔπαρχος ἤ ὁ *Prætor*, ἐν δὲ ταῖς ἐπαρχίαις οἱ ἄρχοντες διδοῦσι τοῖς μαινομίνοις καὶ ἀσώτοις, *ex inquisitione*, κουρανορας ἡνίκα μὴ ὕπεστιν *adgnatos*, ἤ ὑπὼν ἀνεπιτήδειος ἐστι πρὸς διοίκησιν.

(2) V. sur ce point Ferrini, *Instit. græca, paraph.* 1884-1885. *Archiv. Giurid.*, 37, p. 853 ; *delle origini delle parafr.*

avait plus que des curateurs nommés par le magistrat (1).

Signalons en terminant quelques modifications apportées dans le dernier état du droit romain quant aux
personnes qui pouvaient être appelées à la curatelle du
prodigue et du fou. Ainsi, quelques années avant Justinien, l'empereur Anastase vint donner aux frères et
sœurs émancipés du prodigue et du fou le droit d'être
nommés curateurs, malgré l'émancipation qui leur avait
fait perdre la qualité d'agnats (L. 5, C. *De curat. for.*, V,
70). Cette réforme était la conséquence d'une autre réa-
lisée par le même empereur en matière de succession
ab intestat, et d'après laquelle les frères et sœurs émancipés d'une personne décédée, devaient être appelés à la
succession, en concours avec les frères et sœurs non
émancipés (Inst., *De succ. cognat.*, III, 5, § 1). C'était un
souvenir du principe ancien d'après lequel la qualité
d'héritier présomptif emportait vocation à la curatelle.

Sous l'empire de la même idée, nous voyons plus tard
Justinien, par la Novelle 118, permettre à tous les co-
gnats sans distinction de succéder à une personne décédée, et, comme conséquence, de gérer une tutelle ou une
curatelle.

____

(1) V. en ce sens Puchta, *Instit.*, II, p. 299 ; Windscheid, *Pandect.*, II, § 446,
nº 8 ; Demangeat, *Cours de droit romain*, t. 3, p. 405 ; Audibert, *Nouvelle
revue historique de droit*, 1891, p. 310 et s.

Section II. — Changements apportés dans l'organisation des pouvoirs du curateur du prodigue.

Les principes du droit classique, sur les pouvoirs du curateur du fou, se maintinrent jusque dans le dernier état du droit romain. Mais il n'en fut pas de même pour le curateur du prodigue. Ce dernier, à l'époque classique, comme nous l'avons vu, ne pouvait que gérer et administrer en son nom propre les biens de l'incapable. Il n'intervenait jamais dans les actes faits par le prodigue lui-même, pour les valider en y donnant son assentiment, son *consensus*.

Cette règle de l'époque classique fut modifiée au Bas-Empire par un rescrit de l'empereur Dioclétien qui forme la loi 3, C. *De in integrum restitutione minorum*, II, 22. Cette constitution nous dit qu'un mineur de 25 ans, pourvu d'un curateur, ne peut faire une vente qui lui soit préjudiciable, sans le *consensus* et l'assistance de son curateur. S'il vend sans le *consensus* de ce dernier, il fait un acte nul. Le texte ajoute que le prodigue est dans la même situation ; voici les expressions propres qu'il emploie : *cum non absimilis ei habeatur minor curatorem habens, cui a prætore curatore dato, bonis interdictum est.*

Ainsi la constitution de Dioclétien établissait une assimilation complète entre le prodigue d'une part, et l'adolescent mineur de 25 ans d'autre part, en ce qui concernait leur capacité juridique et les pouvoirs du curateur de chacun d'eux. La conséquence, c'est que, comme pour le passé, le prodigue continuera à faire valablement seul les actes qui améliorent sa condition. Mais, et c'est ici que réside le changement de législation, le prodigue peut désormais faire sa condition pire avec le *consensus* et l'assistance de son curateur.

Voilà en quoi consiste l'innovation. A l'époque où nous nous plaçons, le curateur du prodigue ajoute à sa fonction principale et ancienne de gérer et d'administrer, une nouvelle fonction, consistant à donner son *consensus* au prodigue. Les principes anciens ne se sont maintenus que pour le curateur du fou.

Le changement de législation que nous venons de signaler est probablement dû à l'influence de l'institution de la curatelle des mineurs de 25 ans, inconnue dans l'ancien droit, et qui s'établit à l'époque classique. On tendit à assimiler le prodigue au mineur de 25 ans.

Section III. — Changements apportés sous le Bas-Empire à la capacité du prodigue.

Les règles que nous avons exposées au chapitre second, relativement à la capacité du fou, se sont maintenues sans modifications jusque dans le dernier état de la législation romaine. Au contraire, la théorie du droit classique sur la capacité du prodigue subit une transformation complète tout à fait dans le dernier état du droit romain.

Nous avons montré qu'à l'époque classique le prodigue pouvait faire valablement les actes qui rendaient sa condition meilleure, tandis qu'il était incapable de passer les actes qui rendaient sa condition pire.

Cette double règle fut modifiée trois siècles et demi après Justinien par l'empereur Léon-le-Philosophe, dans la trente-neuvième des constitutions qui nous sont parvenues sous le nom de cet empereur. Cette constitution abroge la législation antérieure, et semble établir la distinction suivante entre les différents actes faits par le prodigue. Si ce dernier, en contractant, ne s'était pas écarté des règles d'une sage administration, l'acte par lui fait devait être maintenu. Au contraire, si l'acte impliquait nécessairement la prodigalité et la déraison, il ne pouvait pas être tenu pour valable ni recevoir son exécution.

Telle est bien la règle qui semble ressortir des termes de la constitution. Nous y lisons en effet : *Id nos recto judicio non convenire opinantes, legem illam dividentes statuimus, ut quæ judicium erroneum, et prodigum designans dictet, neque approbatione, neque confirmatione digna habeantur, quæ vero ud utilitatem respiciant, suscipiantur, nec reprobantur..... Quod igitur dixi, rerum gestarum conditio observetur, et si quidem in ea prodigi mores non conspiciantur, gesta rata sint, si vero a prudenti rerum gestione aberratum esse appareat, neque approbatione, neque confirmatione digna habeantur.*

Comme on le voit, la règle établie par la constitution de l'empereur Léon est des plus vagues. D'après elle il fallait se placer à l'époque de la confection de chacun des actes faits par le prodigue, et rechercher si, en fait, cet acte impliquait ou non par lui-même la prodigalité. C'était, en réalité, supprimer tout principe juridique dans notre matière et établir l'arbitraire et l'incertitude. La constitution de l'empereur Léon ne mérite pas d'être étudiée plus longuement.

Mais, si la Novelle de cet empereur établissait un mauvais système législatif, elle n'a eu aucune influence sur notre ancien droit. Nos anciens auteurs, en effet, Cujas (1) et Jacques Godefroy (2) notamment, ne reconnaissaient aucune autorité aux Novelles de Léon. Ils ont même été jusqu'à soutenir que les constitutions de cet empereur ne furent pas toutes appliquées en Orient, même sous le règne de Léon. La pratique aurait refusé d'admettre le plus grand nombre d'entre elles dès leur promulgation. Cette opinion de nos anciens auteurs est exagérée (4). Les Novelles de Léon étaient toutes de vé-

---

(1) *Observationes*, lib. XVII, cap. 31.

(2) *Manuale juris*, p. 75, édit. 1652.

(3) On peut citer dans le même sens beaucoup de nos anciens auteurs, Albéric Gentilis, Vulteius, etc.

(4) V. Mortreuil, *Histoire du droit byzantin*, 1843, t. II, p. 317 et suiv.

ritables lois et appliquées comme telles. Mais elles soulevèrent de l'opposition et leur autorité ne fut que momentanée. En tout cas, notre ancienne jurisprudence ne les admit pas.

Les règles de notre Code civil sur la condition du prodigue, sont absolument différentes de celles du droit romain. Notre législation ne considère le prodigue comme incapable, que relativement à certains actes limitativement déterminés par la loi, et qui ont paru au législateur comme particulièrement graves. Pour accomplir ces actes, le prodigue a besoin de l'assistance d'une sorte de curateur, le conseil judiciaire.

DROIT FRANÇAIS

DES EFFETS

DE LA

DÉCLARATION D'ABSENCE

INTRODUCTION

L'absence, dans le sens technique du mot, est la situation d'une personne qui a disparu de son domicile ou de sa résidence habituelle, et dont l'existence est devenue incertaine, par suite du défaut de nouvelles depuis un temps plus ou moins prolongé. Il ne faut pas confondre l'*absent* dont l'existence est douteuse avec le *non présent* dont l'existence est certaine. Remarquons seulement que l'expression latine *absens* correspondait au mot *non présent* de notre époque (1). Ainsi dans la langue du droit, le mot absent a un sens tout différent de celui que lui attribue le langage ordinaire.

(1) L. 199, D. 50. 16, *De verb. signif.*

On peut distinguer avec M. de Moly (*Traité des absents*, n°ˢ 23 et 24) trois catégories d'absents :

1° Les absents présumés ;

2° Les absents déclarés ;

3° Les absents définitifs.

Notre loi, en effet, distingue formellement trois périodes dans l'absence : 1° la présomption d'absence ; 2° la déclaration d'absence suivie de l'envoi en possession provisoire des biens de l'absent ; 3° l'envoi en possession définitif.

Cette distinction de trois périodes dans l'absence ne concerne, au reste, comme nous le constaterons, que les biens que possédait l'absent au jour de sa disparition. Pour les droits éventuels qui pouvaient lui compéter, les règles formulées par le Code civil ne sont pas spéciales à une seule des périodes de l'absence. Elles s'étendent à toutes.

Une personne est présumée absente lorsque son existence est de fait devenue incertaine, sans qu'il soit encore intervenu, à cet égard, de déclaration judiciaire. Après l'écoulement d'un certain nombre d'années, l'absence, jusqu'alors simplement présumée, peut être déclarée par le tribunal du domicile, ou, à défaut de domicile, de la dernière résidence de l'absent.

Les absents définitifs sont ceux dont la mort est devenue presque une incertitude. Les mesures prescrites pendant cette dernière période ont pour but, non plus la conservation du patrimoine de l'absent, mais au contraire la conservation des intérêts des successeurs.

a. — Présomption d'absence.

Un homme disparaît de son domicile ou de sa résidence. Personne n'a de nouvelles de lui. Cependant son silence est inexplicable, car il a laissé de nombreux intérêts en souffrance. On doute, s'il est vivant ou mort, et ce doute constitue la présomption d'absence. Cette incertitude évidemment naîtra après un temps plus ou moins long selon les circonstances. Telle personne voyage ordinairement et ne donne que rarement de ses nouvelles. Telle autre au contraire a une vie sédentaire, son absence étonne, son silence ne peut s'expliquer. Le juge a toute latitude pour fixer le point de départ exact de cette première période.

L'absent est présumé vivant, et si ses biens ne sont point en souffrance, ils ne seront l'objet d'aucune mesure conservatrice. Ce n'est qu'en cas de nécessité absolue, que le législateur a permis l'immixtion de la justice dans la gestion des intérêts de l'absent, car cette immixtion, quelque discrète qu'elle soit, l'expose toujours plus ou moins au danger de voir les tiers pénétrer le secret de ses affaires. « On pourrait, dit Toullier, sous le prétexte d'une protection précipitée, préjudicier à l'absent au lieu de le servir. Une telle précipitation nuirait à la liberté : personne n'oserait s'éloigner du lieu qu'il habite, s'il avait à craindre que, sous prétexte de veiller à ses intérêts, on pût pénétrer dans le secret de ses affaires, en pénétrant dans son domicile ».

La nécessité viendra aussi déterminer les limites de l'intervention de la justice.

Aux juges donc à examiner, en fait, quelles sont les mesures indispensables à prendre pour sauvegarder les intérêts de l'absent. Il n'y a qu'un cas où le législateur est venu restreindre les pouvoirs du juge : c'est le cas où le présumé absent a des droits dans une société ou une communauté dissoute, ou dans une succession ouverte avant sa disparition ou ses dernières nouvelles. Alors le tribunal n'a pas le choix de la mesure à prendre. Il doit commettre un notaire pour représenter le présumé absent, dans les inventaires à dresser, les comptes à établir, les liquidations et partages à opérer. Et encore comme la justice ne doit intervenir qu'en cas de nécessité absolue, si le présumé absent a laissé un procureur fondé, muni de pouvoirs suffisants, il est inutile, je crois, de commettre ce notaire dont parle l'article 113.

C'est aux *parties intéressées* qu'il appartient de requérir du tribunal les différentes mesures relatives à l'administration des biens d'un présumé absent. C'est ainsi qu'une telle demande pourra être déposée par les créanciers, les héritiers présomptifs, le conjoint du présumé absent. Quant au ministère public, l'article 114 nous dit qu'il est spécialement chargé de veiller aux intérêts des personnes présumées absentes, et qu'il sera entendu sur toutes les demandes qui les concernent.

Maintenant à quel tribunal devront s'adresser les parties intéressées pour obtenir des mesures conservatrices relatives aux biens de l'absent ? La question est intéressante lorsque le domicile du présumé absent et quelques-uns de ses biens sont situés dans le ressort de tribunaux différents. La question est assez vivement discutée ; nous ne pouvons y insister. On admet généralement, et je crois avec raison que la compétence appartient au tribunal du dernier domicile ou, si ce domicile n'est pas connu, de la dernière résidence du présumé absent. Ce tribunal sera ainsi compétent à la fois, pour apprécier s'il y a présomption d'absence et pour pourvoir à l'administration de tous les biens, même de ceux situés en dehors de son ressort. S'il éprouve quelque embarras dans la fixation des mesures à prendre, il pourra adresser une commission rogatoire au tribunal de la situation des biens.

Cette solution résulte du principe général d'après lequel les actions qui concernent l'état des personnes doivent être portées devant le tribunal du domicile du défendeur. Or la présomption d'absence est une sorte de question d'état dans laquelle le présumé absent joue, au moins à certains égards, le rôle de défendeur. De plus, le tribunal du domicile ou de la résidence du présumé absent est certainement le mieux placé pour apprécier s'il y a présomption d'absence. Il siège en effet dans le lieu où l'individu est le mieux connu. Il aura tous les renseignements nécessaires à sa disposition. Quant aux questions que pourra soulever par la suite l'administration des biens de l'absent, elles sont une suite du jugement préalable de présomption d'absence, des mesures d'exécution du jugement, et doivent en conséquence être portées devant le même tribunal.

L'article 859 du Code de procédure civile indique la procédure à suivre pour obtenir du tribunal la reconnaissance de la présomption d'absence. Une requête doit être présentée au président du tribunal. Sur cette requête, à laquelle seront joints les pièces et documents, le président commettra un juge pour faire le rapport. Le tribunal statuera ensuite sur le rapport du juge commis et sur les conclusions du ministère public.

Cette première période de la présomption d'absence prend fin :

1° Par la preuve acquise du décès de l'absent ;

2° Par la preuve acquise de son existence ,

3° Par la déclaration d'absence.

b. — Déclaration d'absence.

Dans la première période que nous venons d'examiner, le législateur a considéré l'absent comme vivant et, comme son retour paraissait probable, il s'est préoccupé exclusivement de ses intérêts. La position du présumé absent n'a rien de bien fâcheux. Le tribunal ordonne des

mesures conservatrices si ses biens sont en souffrance.
Les fruits et les revenus des biens de l'absent sont perçus pour lui et capitalisés à son profit.

Il en est tout autrement dans la seconde période, dans
la période de déclaration d'absence. Le retour de l'absent paraît moins probable. On ne peut plus établir de
présomption d'existence. Aussi voyons-nous le législateur ne plus se préoccuper exclusivement des intérêts
de l'absent. Il songe en outre aux intérêts de ceux qui
ont des droits subordonnés au décès de l'absent, et principalement de ses héritiers.

Quel est exactement le point de départ de cette seconde période ? La loi distingue si l'absent a laissé ou
n'a pas laissé de procuration. Si l'absent n'a pas nommé
de procureur, l'article 115 nous dit que la déclaration
d'absence peut être demandée quatre ans après la disparition ou les dernières nouvelles. Celui qui veut la
faire prononcer doit adresser au président du tribunal
une requête avec tous documents et pièces à l'appui, à
l'effet d'obtenir l'autorisation de faire une enquête sur
les faits qui servent de fondement à sa demande. Le
tribunal peut rejeter la demande immédiatement et sans
aucun examen ; c'est ce qu'il fera par exemple au cas où
la demande sera formée avant l'expiration du délai légal.
Au contraire le tribunal ne peut *déclarer l'absence* qu'a-
près enquête. Si le tribunal ordonne l'enquête, cette enquête sera faite contradictoirement avec le ministère

public, qui représentera l'absent et qui retardera autant que possible cette *déclaration*, dont l'effet est de priver l'absent dans l'avenir d'une portion notable de ses revenus. Le jugement de déclaration d'absence ne sera rendu, nous dit l'article 119, qu'un an après le jugement qui aura ordonné l'enquête, donc au plus tôt cinq ans après la disparition ou les dernières nouvelles.

Au contraire, je suppose que l'absent a nommé un procureur. Dans ce cas, le silence de la personne absente n'a rien d'insolite. Evidemment cette personne a prévu un long voyage, et elle a pris soin, en prévision de ce voyage, de confier ses intérêts à un mandataire. Son retour est toujours probable. Aussi l'article 121 nous dit : « Si l'absent a laissé une procuration, ses héritiers présomptifs ne pourront poursuivre la déclaration d'absence et l'envoi en possession provisoire, qu'après dix années révolues depuis sa disparition ou ses dernières nouvelles ».

Maintenant de nombreuses difficultés peuvent s'élever sur l'application de cet article 121, selon que l'absent aura donné une procuration générale ou une procuration relative à une affaire toute spéciale, selon que la procuration viendra à cesser *après* le départ de l'absent ou même *avant* par une cause quelconque, comme la mort du mandataire par exemple, selon que la procuration aura été donnée pour *moins* de dix ans, pour deux ans par exemple. Pour résoudre toutes ces difficultés, les

juges auront, je crois, un très large pouvoir d'appréciation, et ils rechercheront tout d'abord, si la procuration
laissée par l'absent peut faire présumer chez lui l'intention de rester longtemps hors de son domicile.

Donc, en principe, quand l'absent a laissé une procuration, il faut attendre dix ans, à compter de sa disparition ou de ses dernières nouvelles, pour requérir la
déclaration d'absence, et cela, on l'admet alors même
que la procuration serait donnée pour plus de dix ans.

Quant aux personnes qui ont le droit de provoquer la
déclaration d'absence, on aurait tort de dire que ce sont
toutes celles qui peuvent requérir la présomption d'absence. La position du déclaré absent étant beaucoup plus
préjudiciable que celle du présumé absent, l'article 115
doit être entendu dans un sens beaucoup plus restreint
que l'article 112. Peuvent provoquer la déclaration d'absence, tous ceux qui ont, sur les biens de l'absent, des
droits subordonnés à la condition de son décès et rien
que ceux-là. Par suite, le ministère public et les créanciers de l'absent ne sont pas compris au nombre des
parties intéressées dont parle l'article 115. Le ministère
public qui défend les intérêts de l'absent pouvait requérir des mesures conservatoires. Pour la déclaration d'absence, il doit la combattre plutôt que la demander, car
elle est absolument contraire aux intérêts de l'absent.

En ce qui concerne les créanciers, la déclaration d'absence est loin de leur être favorable. En effet, par suite

de l'envoi en possession provisoire, qui en est la suite, comme nous le verrons, elle prive leur débiteur d'une portion des revenus et des fruits produits par son patrimoine. Ensuite elle amène la division et le morcellement des biens de l'absent entre divers ayants droit, notamment les héritiers présomptifs. Il en résulte que les poursuites des créanciers sont ainsi rendues beaucoup plus onéreuses pour eux.

Quant à la procédure à suivre, l'article 860 du Code de procédure nous l'indique. Il est, du reste, procédé en tous points, de même que s'il s'agissait de l'envoi en possession. La demande en déclaration d'absence est formée par requête présentée au président du tribunal. Cette requête énonce les faits relatifs à l'absence. L'enquête est faite contradictoirement avec le ministère public. Entre les jugements préparatoire et définitif, c'est-à-dire, entre le jugement ordonnant l'enquête et le jugement déclarant l'absence, la loi exige qu'il y ait au moins l'intervalle d'une année.

Au point de vue de la compétence, la demande doit être portée devant le tribunal du domicile du présumé absent, ou, en cas de domicile inconnu, de sa dernière résidence.

Nous avons indiqué ainsi en quelques mots ce qu'est la déclaration d'absence. Nous avons vu quel est le point de départ de cette période, quelles personnes peuvent obtenir un jugement déclaratif, quelle est la procédure

à suivre, quel est le tribunal compétent. Nous allons
examiner maintenant les effets de la déclaration d'absence. L'étude approfondie de ces effets est le but que
nous nous sommes proposé. Nous serons ensuite mieux
à même d'apprécier en elles-mêmes les dispositions de
notre Code civil relatives à l'absence, et nous pourrons
constater qu'elles présentent aujourd'hui un caractère
suranné dans l'état de la civilisation (1).

(1) Faisons observer que la situation des militaires absents a été, dans notre législation, l'objet d'une réglementation particulière à plusieurs reprises
différentes. On peut citer en ce sens une loi du 6 brumaire an V, du 21 décembre 1814, du 13 janvier 1817. Cette dernière loi a été rendue après les
guerres de la République et de l'Empire, pour les militaires et marins en ac-
tivité de service de 1792 à 1815. De nos jours, après la lutte malheureuse de
1870-1871, une loi du 9 août 1871 est venue remettre en vigueur la loi de 1817.
Nous ne faisons que mentionner ces dispositions d'un caractère spécial et
transitoire.

CHAPITRE PREMIER

§ 1. — *Demande d'envoi en possession provisoire.*

Pendant l'absence présumée, on se borne aux mesures rigoureusement nécessaires, et commandées par l'intérêt de l'absent ou par l'intérêt des tiers qui ont des droits à exercer contre lui. On ne se préoccupe en rien, dans la première période, de l'intérêt des héritiers. La loi présume vivante la personne disparue. Après la déclaration d'absence prononcée, alors que l'absence s'est prolongée et que le retour paraît moins probable, il faut bien songer à pourvoir à l'administration générale des biens. Mais qui prendre comme administrateur ?

Le législateur est parti de cette idée, que les meilleurs administrateurs d'un bien, sont ceux à qui ce bien appartient ou doit appartenir un jour. Aussi avec raison il a pensé tout naturellement aux héritiers présomptifs de l'absent, qui ont tout intérêt à veiller à la conservation d'une fortune, sur laquelle ils ont des droits légitimes quoique éventuels, et ainsi il a fait servir l'intérêt personnel des héritiers à protéger les intérêts de l'absent.

Donc, la loi confie l'administration et la gestion des biens de l'absent à toutes les personnes qui ont sur le patrimoine de l'absent des droits subordonnés à la condition de son décès. Chaque intéressé est ainsi mis en *possession* des biens qui doivent lui revenir un jour après la mort de l'absent ; c'est là ce qu'on appelle l'*envoi en possession*. Il est dit *provisoire* parce que cette attribution des biens de l'absent n'est faite que *provisoirement, temporairement*. Les biens doivent être restitués à l'absent s'il reparaît. De plus l'envoyé possède pour le compte de l'absent.

C'est ainsi tout d'abord, que les héritiers présomptifs de l'absent peuvent se faire envoyer en possession des biens de ce dernier. Il faut entendre par là, non seulement les héritiers légitimes de l'absent, mais aussi ses successeurs irréguliers, les enfants naturels et l'État. En ce qui concerne le conjoint nous avons un texte spécial, l'article 140 : « Si l'époux absent, nous dit ce texte, n'a point laissé de parents habiles à lui succéder, l'autre époux pourra demander l'envoi en possession provisoire des biens ». La solution donnée par la loi pour le conjoint, doit s'appliquer par identité de motifs, aux enfants naturels et à l'État.

De même, les légataires pourront se faire attribuer la possession provisoire des biens qui leur ont été légués. Ils seront connus par l'ouverture du testament qui a lieu, aux termes de l'article 123, à la réquisition des intéressés ou du Procureur de la République.

Même droit pour les donataires de biens à venir, ou héritiers contractuels (art. 1082 et suiv., C. civ.) auxquels l'absent a donné tout ou partie des biens qu'il laissera à son décès.

De même encore les donateurs sous condition de retour, les appelés à une substitution permise dont l'absent est grevé, peuvent très bien poursuivre l'exercice provisoire de leurs droits. Enfin le nu-propriétaire d'un bien dont l'absent avait l'usufruit est une des parties intéressées et peut se faire envoyer en possession du bien en question. La disposition de la loi est des plus générales. Elle vise « tous ceux qui ont sur les biens de l'absent des droits subordonnés à la condition de son décès ».

Mais à quelle date faut-il se reporter pour connaître quels sont les héritiers présomptifs de l'absent? L'article 120 nous le dit : « Ce sont les héritiers présomptifs de l'absent au jour de sa disparition ou de ses dernières nouvelles ». Ainsi la loi désigne par là le jour où l'absent a donné le dernier signe de vie.

Ce n'est pas à dire que le législateur suppose l'absent mort à cette époque. Cette présomption serait presque toujours contraire à la vérité; il est bien certain par exemple que l'absent était vivant le jour où il a écrit pour donner de ses nouvelles. « L'absent, nous dit Toullier (t. 1, § 422), n'est ni vivant ni mort aux yeux de la loi.

Mais sa vie étant devenue incertaine depuis sa disparition ou ses dernières nouvelles, il est nécessaire de pré-
férer ceux qui étaient ses héritiers présomptifs à cette
époque. Car si d'autres prétendaient les exclure, en allé-
guant qu'ils sont préférables au jour de la déclaration
d'absence, ou à une autre époque intermédiaire, il leur
faudrait prouver que l'absent était encore vivant à cette
même époque à laquelle ils sont en droit d'exclure ceux
que la loi appelait au jour de la disparition ou des dernières nouvelles ; c'est en effet à ceux qui ont un intérêt
qu'il fût vivant à une certaine époque, de prouver sa vie
à la même époque suivant la maxime : *ei incumbit probatio qui dicit.* »

Quoi qu'il en soit, l'envoi en possession provisoire ne
peut être demandé, que par les héritiers présomptifs de
l'absent au jour de sa disparition ou de ses dernières
nouvelles. Ainsi se trouvent écartés les héritiers, au jour
où l'envoi est demandé ou à celui de la déclaration d'absence. Si celui qui était héritier au moment de la disparition de l'absent est décédé lors de la déclaration d'absence ou de la demande d'envoi, le droit à la possession
provisoire s'étant fixé sur sa tête, passera à ses propres
héritiers.

Il se peut que quelques-uns seulement des héritiers
présomptifs veuillent demander l'envoi en possession.
Ceux-là seuls qui auront obtenu cet envoi pourront, en
vertu de l'article 127 qui est limitatif, jouir des biens

de l'absent. Par suite un héritier qui aurait eu droit à la jouissance que donne l'envoi en possession, et qui n'a pas demandé cet envoi, ne peut pas réclamer ensuite sa part dans les revenus des biens de l'absent. Cette solution n'est pas admise par tous, et par Toullier notamment. Dans la discussion qui eut lieu au Conseil d'État, cette question même fut posée, et il fut répondu : « Puisque la loi appelle à la jouissance provisoire tous les héritiers, l'héritier qui y a droit et qui ne l'a point obtenu pour sa portion peut toujours en demander compte à ses cohéritiers ».

Malgré cette réponse, malgré l'avis de Toullier et aussi certains arrêts (Aix, 16 avril 1822), je ne puis admettre cette solution. L'article 127 me paraît rédigé d'une façon très claire, très précise. Il limite à ceux-là seuls qui ont obtenu l'envoi en possession l'acquisition de tout ou partie des revenus de l'absent. Et n'est-ce pas juste qu'il en soit ainsi ? Les envoyés ont des charges qui consistent dans l'administration même des biens de l'absent. Ils sont exposés aux poursuites des créanciers de ce dernier. Ils encourent même, à l'occasion de cette administration, une certaine responsabilité. Si l'administration des envoyés eût été gratuite, l'éventualité seule de conserver les biens de l'absent n'eût pas été peut-être une cause suffisante pour qu'ils se chargeassent d'administrer. Il fallait leur accorder un dédommagement de leur administration, leur donner une prime, les intéresser à une excellente gestion; c'est ce qu'a fait l'article 127. Les cohéritiers non envoyés en possession ne peuvent se plaindre de ces avantages, puisqu'ils peuvent les partager en demandant l'envoi provisoire pour leur portion. Rarement ils ignoreront l'état des choses, car ils en seront informés au besoin par les moyens de publicité qui seront employés pour avertir l'absent lui-même (art. 116-118). Toutefois, si un envoyé connaissait l'existence d'un autre héritier, et négligeait soit par dol, soit autrement, de le prévenir, il ne pourrait être considéré comme étant de bonne foi, et par suite il s'exposerait à une demande en restitution de la partie des revenus par lui indûment retenus.

L'article 120 attribue en première ligne aux héritiers présomptifs la faculté d'obtenir l'envoi en possession, et l'article 123 déclare que, lorsqu'ils l'auront obtenu, tous les autres droits subordonnés au décès de l'absent pourront alors être exercés provisoirement. On s'est basé sur ces dispositions pour prétendre que, en cas d'inaction des héritiers légitimes, tous les autres ayants droit seraient tenus en échec. Par exemple, en cas d'inaction des parents les plus proches, ceux qui se trouvent à un degré plus éloigné ne seraient pas admis à poursuivre l'envoi en possession.

Il est, je crois, facile de répondre à cette objection. S'il s'agissait d'un décès, le refus d'accepter la succession n'arrêterait pas l'exercice des autres droits que le décès a ouverts. Il ne saurait en être différemment dans notre espèce. Les articles 120 et 123, à mon avis, ont voulu simplement tracer la marche régulière des choses.

Ils statuent sur l'hypothèse ordinaire normale, *de eo quod plerumque fit*. Les termes de l'article 123 ne sont nullement restrictifs. Ce texte ne dit pas que les parties intéressées, légataires et autres, *ne* pourront exercer provisoirement leurs droits *que* lorsque les héritiers présomptifs auront obtenu l'envoi en possession.

De plus, il serait inique, que le refus ou l'inaction des héritiers présomptifs pût paralyser les droits de ceux que la loi appelle après eux, et qui du reste ont un intérêt éventuel à la conservation et à la bonne administration des biens. Les légataires et autres intéressés peuvent certainement demander la déclaration d'absence en dehors des héritiers. Pourquoi, dès lors, ne pourraient-ils pas, en cas d'inaction des héritiers, réclamer l'envoi en possession qui est simplement la conséquence normale et régulière de la déclaration d'absence?

D'ailleurs admettons pour un instant, que l'envoi en possession au profit des héritiers présomptifs, soit toujours la condition nécessaire des autres envois. Ceux qui seront à un degré plus éloigné pourront interpeller les héritiers présomptifs, les mettre en cause au besoin pour qu'ils aient à demander cet envoi, et la condition devra dès lors être réputée accomplie, puisqu'elle n'aura manqué que par la faute de ceux qui étaient obligés de l'accomplir (art. 1178, C. civ.). Par conséquent, si les héritiers ou successeurs qui auraient pu demander l'envoi en possession viennent à décéder, leurs héritiers ou successeurs pourront exercer cette faculté à leur place.

Maintenant, si aucun des héritiers ou des successeurs ne demande l'envoi en possession, les intéressés pourront les mettre en demeure de prendre parti et de demander l'envoi. Ils pourront ensuite provoquer du tribunal la nomination d'un curateur ou administrateur aux biens de l'absent. Enfin, il faut leur reconnaître le droit de s'adresser à la justice pour se faire autoriser par elle à exercer provisoirement leurs propres droits.

L'opinion que nous venons de défendre semble aujourd'hui généralement admise en doctrine et aussi en jurisprudence (1).

De même, j'estime, pour ma part, que les créanciers des héritiers présomptifs ou des autres parties intéressées ont le droit de demander l'envoi en possession. Ils exercent cette action en vertu de l'article 1166 au nom de leur débiteur. Cette question toutefois est fort controversée.

(1) V. en ce sens Duranton, *Cours de droit français*, t. 1, n° 420 ; Valette sur Proudhon, *Traité de l'état des personnes*, t. 1, p. 298 ; Demante, *Cours analytique de Code civil*, 2ᵉ édit., t. 1, n° 152 *bis* I ; De Moly, *Traité des absents*, n°ˢ 356 et suiv. ; Aubry et Rau, t. 1, § 152, 604 ; Laurent, *Principes de droit civil*, t. 2, n° 165 ; Plasman, *Code et traité des absents*, t. 1, n°ˢ 124 à 128. — Pour la jurisprudence, voir Tribunal de la Seine, 13 mars 1845 ; D. P. 45. 4. 1 ; Orléans, 25 juin 1835, S. 35. 2. 355 ; D. P. 35. 2. 129 ; Bordeaux, 21 juin 1838. S. 38. 2. 41 ; D. P. 39. 2. 12.

Ce droit de demander l'envoi en possession, dit-on dans une certaine opinion, est un droit exclusivement attaché à la personne des héritiers présomptifs. Ne s'agit-il pas en effet ici, d'un dépôt confié par la loi aux envoyés, au nom de l'absent (art. 125)? Comment les biens de l'absent pourraient-ils devenir le gage des créanciers des envoyés en possession, puisque ces biens ne peuvent être aliénés par ceux-ci? De plus l'envoi en possession ne pourrait être accordé aux créanciers que jusqu'à concurrence du montant de leurs créances. Le patrimoine de l'absent se trouverait ainsi divisé en autant de mains différentes qu'il y aurait de créanciers. Ce serait essentiellement contraire à une bonne administration.

Malgré la force de ces arguments, je ne puis admettre que le droit de demander l'envoi en possession soit exclusivement attaché à la personne des envoyés en possession. Et d'abord, dit-on, il s'agit ici d'un dépôt. Je ne le crois pas. Certainement l'envoi en possession ne constitue pas un dépôt véritable malgré les termes de l'article 125. Je reviendrai plus loin sur ce point. Dans cette période, comme le retour de l'absent est peu probable, le législateur a songé à sauvegarder les intérêts des héritiers présomptifs et provisoirement il a déclaré ouverte sa succession. « La faculté de demander l'envoi en possession (dit Demolombe, t. IV, 1re partie, § 78) est si peu attachée à la personne, qu'elle est transmissible héréditairement, et passe dans la succession de tous ceux auxquels elle appartient, à tous leurs successeurs, quels qu'ils soient, héritiers légitimes ou légataires ». La jurisprudence va même plus loin, elle admet que le cessionnaire des droits de l'héritier présomptif d'un absent peut, comme l'héritier lui-même, poursuivre l'envoi en possession. Naturellement cette cession devrait être faite après la déclaration d'absence prononcée (1).

On objecte encore que les biens de l'absent ne peuvent être aliénés par les envoyés en possession, et par suite ne sauraient être le gage de leurs créanciers. Evidemment les biens de l'absent ne peuvent être aliénés, mais les créanciers, en demandant l'envoi en possession, n'ont nullement l'intention de les aliéner. Ce qu'ils désirent simplement, c'est profiter de la part de fruits qui doit échoir à l'envoyé en possession, en vertu de l'article 127 ; c'est provisoirement adjoindre au patrimoine de l'héritier présomptif débiteur, les biens de l'absent à la propriété desquels il a un droit éventuel.

Maintenant, objecte-t-on encore, l'envoi en possession ne pourrait être accordé aux créanciers que jusqu'à concurrence du montant de leurs créances en vertu de l'article 788, ce qui conduirait inévitablement à la division du patrimoine de l'absent. Ce ne peut être évidemment là la prétention des créanciers, car en principe les créanciers ne peuvent se payer ainsi en nature, et de

____

(1) *Sic*, Bordeaux, 21 juin 1838, S. 38.2.413 ; D. P. 39.2.12. — Caen, 21 décembre 1841, S. 42.1.167 ; D. P. 42.1.14. — *Contra*, Laurent, t. 2, n° 184.

plus, en l'espèce, les biens n'appartiennent pas à leur débiteur. Il ne peut donc être question d'attribuer divisément à chacun des créanciers une part des biens, égale au montant de sa créance. Mais ce que les créanciers peuvent demander en cas d'inaction de l'héritier présomptif débiteur, c'est que l'envoi soit prononcé à leur profit du chef de leur débiteur.

On ne conçoit pas bien pourquoi les créanciers ne devraient pas réussir, au cas où ils offriraient de remplir toutes les conditions et charges, dont leur débiteur lui-même est tenu, notamment de fournir caution. Les articles 1166 et 1167 ont pour but de protéger les créanciers contre l'inaction voulue ou non de leur débiteur. Or, en l'espèce, ne serait-il pas injuste de refuser aux créanciers l'application de l'article 1166 et de permettre ainsi à leur débiteur insolvable de colluder avec ses cohéritiers ? (1).

§ II. — *A quels biens s'applique l'envoi en possession provisoire ?*

C'est encore l'article 120 du Code civil qui vient répondre à cette question, et nous dire « à tous les biens

______

(1) Comme partisans de l'opinion que nous avons soutenues, nous citons outre Demolombe, *Traité de l'absence*, n° 78, Demante, *op. cit.*, t. 1, n° 151 *bis*; Duranton, *op. cit.*, t. 1, n°ˢ 419 et 439 ; De Moly, *op. cit.*, p. 151 et suiv. ; Talandier, *Absents*, p. 117. V. aussi Colmar, 26 juin 1823, S. 37. 2. 484, *ad notam*. — *Contrà*, Delvincourt, t. 1, p. 269; Aubry et Rau, t. 1, p. 600, § 151; Laurent, t. 2, n° 187 ; Colmar, 30 août 1837, S. 37.2. 484 ; D. P. 38. 2. 31.

que possédait l'absent au jour de sa disparition ou de
ses dernières nouvelles » et cette réponse est toujours
basée sur le même principe.

L'envoi en possession comprend ainsi tous les biens,
meubles ou immeubles, appartenant à l'absent au jour
de sa disparition, et tous les fruits produits par ces
biens jusqu'à l'envoi en possession, comme étant tombés
dans la masse et ayant grossi l'universalité du patrimoine.

Examinons-donc ces deux points :

1° Biens que possédait l'absent avant sa disparition ;

2° Fruits produits par ces biens.

1° Par biens appartenant à l'absent au jour de sa disparition ou des dernières nouvelles, il faut entendre tous
les biens sur lesquels l'absent avait des droits acquis,
peu importe que ces droits fussent réels ou personnels,
purs et simples ou bien simplement sous condition. Un
droit conditionnel, en effet, peut incontestablement figurer dans le patrimoine d'une personne, aussi bien qu'un
droit actuel pur et simple. Ce droit conditionnel forme
un élément de crédit ; il est aliénable et transmissible
aux héritiers.

Ainsi l'absent pouvait-il exercer l'action en réméré ?
L'envoyé en possession provisoire le pourra aussi. Il
aura de même les diverses actions en nullité, en resci-
sion ou en résolution, qui appartenaient à l'absent. Il est
de principe, en effet, que celui qui a une action pour ob-

tenir un bien, est censé avoir ce bien : *qui actionem habet ad rem recuperandam rem habere videtur*. De même encore, l'envoyé pourra exercer les actions possessoires, pour conserver la possession d'un bien que l'absent était en voie de prescrire.

Tous ces droits, en effet, appartenaient à l'absent et, en cas de mort, ils eussent été dévolus à ses héritiers. Des difficultés se sont élevées toutefois quant à certains biens sortis du patrimoine de l'absent, notamment quant aux biens donnés par ce dernier. Ainsi on se demande si les envoyés en possession provisoire, étant héritiers à réserve, peuvent agir contre les donataires entre-vifs de l'absent, pour faire rentrer les libéralités excessives dans les limites de la quotité disponible.

Les jurisconsultes sont très divisés sur la réponse à donner à cette question ; voyons donc les arguments apportés par les deux camps :

D'après une première opinion, l'héritier réservataire envoyé en possession provisoire peut exercer l'action en réduction pour obtenir sa réserve. En effet, dit-on, l'envoi en possession provisoire n'est pas autre chose que l'ouverture provisoire de la succession de l'absent. La loi considère l'absent comme mort au jour de sa disparition. C'est à cette époque que l'on se reporte pour connaître les successeurs légitimes ou testamentaires, en même temps que les biens qui doivent leur être dévolus. S'il existe un testament, on l'ouvre, et cet acte par lequel

une personne dispose de ses biens pour le jour où elle
n'existera plus, vient produire son effet. Ainsi, les droits
de mutation sont réclamés par l'Enregistrement, en vertu
de l'article 40 de la loi de finances du 28 avril 1816. La
loi a voulu ainsi établir une situation, provisoire sans
doute, mais qui pût devenir définitive et qui souvent en
fait restera définitive. Si donc le législateur considère la
succession de l'absent comme ouverte, pourquoi ne pas
accorder à l'héritier réservataire le droit de réclamer sa
réserve, droit qu'il aurait si l'absent était décédé?

En second lieu, ajoute-t-on, si l'on n'admet pas ce
système, on est amené logiquement à commettre une
véritable iniquité. L'absent jadis a donné un immeuble
valant 100.000 francs. Il a disparu depuis ne laissant
aucune fortune. Il a un fils. Si l'on ne reconnaît pas à ce
fils envoyé en possession le droit de faire réduire la libéralité excessive de son père, qu'arrivera-t-il? Le donataire
jouira tranquillement des 100.000 francs reçus, en présence du malheureux fils n'ayant peut-être aucun moyen
d'existence.

Enfin, cette situation inique, continuent les partisans
de l'opinion que nous exposons, se prolongera indéfini-
ment. L'envoi en possession définitif n'ouvre en effet
aucun droit nouveau. Il n'a d'autre effet que de consolider la situation préalablement établie. L'héritier réservataire donc, pour obtenir sa réserve, devra prouver le

décès de l'absent, c'est-à-dire devra apporter une preuve impossible à fournir.

Malgré la force de ces arguments, je crois avec des autorités considérables, notamment M. Demolombe, qu'on doit refuser l'exercice de l'action en réduction à l'héritier réservataire envoyé en possession. Cette solution s'appuie sur des arguments qui me paraissent décisifs.

D'abord les articles 120 et 123 du Code civil sont formels en ce sens. L'envoi en possession ne s'applique qu'aux biens qui appartenaient à l'absent au jour de son départ ou de ses dernières nouvelles. Il s'étend à tous ces biens, mais rien qu'à ces biens. La formule de la loi est restrictive. Or les biens donnés jadis par l'absent ne lui appartenaient plus au moment de sa disparition. Ils étaient à ce moment sortis de son patrimoine.

Ensuite l'absent n'a pas donné de nouvelles depuis assez longtemps. Les biens sont vacants, abandonnés. Le législateur appelle alors, pour administrer ces biens, les personnes qui les recueilleraient en cas de décès, et c'est justice. L'absent ne peut raisonnablement apporter aucune réclamation. Pourquoi en effet n'a-t-il pas donné de ses nouvelles ? Au contraire, la situation du tiers détenteur, du donataire, est essentiellement intéressante. Aucun reproche ne peut être fait à ce donataire. L'action en réduction peut être exercée contre lui, c'est vrai ;

mais elle ne peut l'être qu'après le décès du donateur
(art. 920). Or la mort de l'absent n'est pas prouvée. Le
législateur n'a pas songé à établir ici une présomption
de mort contre des tiers qui n'ont rien à se reprocher.
De plus nous établirons plus loin que nulle part, dans
la loi, on ne trouve écrite une présomption légale, en
vertu de laquelle l'absent devrait être réputé mort. Par
conséquent, le donataire, menacé par l'action en réduction, peut répondre victorieusement aux envoyés en possession provisoire : votre action ne peut être valable
qu'à la condition d'établir le décès de l'absent, ce que
vous ne pouvez pas faire.

Dans l'opinion adverse, on signale quelques iniquités
pouvant se produire. Elles se produiraient beaucoup
plus facilement si l'on accordait à un envoyé en possession, héritier réservataire, le droit de réclamer sa réserve. Reprenons la même hypothèse. Un homme a
donné jadis un immeuble valant 100.000 francs ; maintenant il est ruiné. Il s'entend avec son fils unique et
disparaît. Au bout de 5 ans, ce fils fait déclarer l'absence. Il obtiendra l'envoi en possession, fera réduire
la libéralité excessive de son père et ainsi le donataire
sera victime d'une fraude qu'il sera dans l'impossibilité
de déjouer.

En outre, si l'on admettait l'exercice de l'action en réduction, de nombreuses difficultés s'élèveraient encore.
L'absent revient ; les fruits perçus seront-ils restitués

au donataire intégralement? Les envoyés provisoires pourront-ils invoquer l'article 127 qui semble n'accorder la retenue des fruits qu'à ceux qui ont joui des biens de l'absent? S'ils doivent restituer ces fruits au donataire, devront-ils fournir caution pour garantir cette restitution? Les articles 120 et 123 expriment d'une façon bien claire, il me semble, cette idée que la caution est exigée seulement dans l'intérêt de l'absent.

Aussi je me rallie au second système. Je crois donc que l'envoyé provisoire, héritier réservataire, ne pourra exercer contre le donataire l'action en réduction, parce qu'il ne pourra prouver le décès de l'absent. La jurisprudence se prononce en ce sens (V. Caen, 24 février 1872, D. P. 73. 2. 81 ; S. 72. 2. 241 ; Cass., 29 janvier 1879, D. P. 79. 1. 76 ; S. 79. 1. 159) (1). Dans ce dernier arrêt, la Cour de cassation fait remarquer que nulle part il n'est écrit dans la loi une présomption légale en vertu de laquelle l'absent serait présumé mort au jour de sa disparition ou de ses dernières nouvelles.

L'argument le plus fort invoqué par l'opinion contraire et tiré de la loi du 28 avril 1816, tombe lorsque l'on examine attentivement les dispositions de cette loi. Qu'y trouve-t-on en effet? Les droits de mutation seront payés par les envoyés provisoires, « sur la valeur entière des biens ou droits *qu'ils recueillent* ». Ce texte indique donc tout simplement sur quels biens le receveur percevra,

____

(1) *Sic.* Aubry et Rau, t. I, § 153, p. 618.

mais non point quels biens ou quels droits seront recueillis par les envoyés provisoires.

La conséquence de mon système est de paralyser in-
définiment l'exercice de l'action en réduction que la loi
traite habituellement avec beaucoup de faveur. C'est une
objection que l'on ne manque jamais de faire à ce système, la loi est rigoureuse, je le reconnais, mais c'est la
loi, *dura lex, sed lex*.

M. Demolombe a voulu prévoir cette objection et l'é-
carter. Il a admis que le réservataire pourrait exercer
son action en réduction au jour de son envoi en possession définitif. Cette solution serait évidemment désira-
ble, mais est-elle juridique ? Non certainement. L'envoi
en possession définitif n'a d'autre effet que de transformer une situation provisoire en une situation définitive.
M. Demolombe, pour établir son système, est obligé
d'argumenter de ce qui se passait dans l'ancien droit.
Toutes ces difficultés, en effet, n'y existaient pas, car on
présumait la mort de l'absent lorsqu'il s'était écoulé
100 ans depuis sa naissance. Le Code civil ne reproduit
pas ces dispositions. L'article 129 accorde simplement
l'envoi définitif quand il s'est écoulé 100 ans depuis la
naissance ou 30 ans depuis l'envoi en possession provisoire. Mais cet envoi définitif, je le répète, ne vient que
consolider une situation antérieure et, nous dit l'article 129, ne porte que « sur les biens de l'absent ».

Et d'ailleurs, le législateur a-t-il vraiment commis une iniquité en refusant ainsi au réservataire le droit d'exercer son action en réduction. Je ne le crois pas, car, comme le dit Demolombe lui-même, « le droit du donataire est actuel et certain, celui des héritiers présomptifs est éventuel et douteux ». D'où je conclus que la situation du donataire est plus intéressante que celle du réservataire.

Ainsi il ressort de cette discussion que les envoyés en possession provisoire, lorsqu'ils sont héritiers réservataires de l'absent, n'ont pas le droit d'exercer l'action en réduction contre les donations faites par l'absent et qui excèderaient la quotité disponible. C'est qu'en effet l'envoi en possession provisoire ne peut s'étendre aux biens qui sont sortis du patrimoine de l'absent au jour de sa disparition ou de ses dernières nouvelles.

Toutefois, on ne pourrait donner la même solution dans le cas d'un testament laissé par l'absent et contenant des legs qui excèdent la quotité disponible. Le légataire ne pourrait demander la délivrance provisoire de son legs que dans les limites de la quotité disponible. Dans cette hypothèse, en effet, les biens légués ne sont pas sortis du patrimoine de l'absent. L'héritier demandera l'envoi en possession provisoire de tous les biens appartenant à l'absent lors de la disparition de ce dernier, en s'appuyant sur l'article 120. Il pourra dire ensuite au légataire : je ne vous délivre votre legs que dans les limites de la quotité disponible (1).

Par application des principes que nous venons de développer plus haut, il faut décider, croyons-nous, que des envoyés en possession provisoire ne peuvent pas non plus se demander réciproquement le rapport des donations qu'ils ont reçues de l'absent sans clause de préciput. Ici encore, en effet, puisque la loi n'établit pas une présomption légale de décès contre l'individu déclaré absent, les cohéritiers ne pourraient demander le rapport à un d'entre eux, ayant reçu une donation de l'absent, qu'à la condition de prouver le décès de ce dernier, entraînant l'ouverture de la succession. Tant qu'ils n'auront pas fait cette preuve, leur demande ne pourra être accueillie. On a bien essayé de faire valoir contre cette solution des considérations d'équité, mais elles ne peuvent, à notre avis, l'emporter sur les vrais principes.

En second lieu, l'envoi en possession provisoire comprend encore, ai-je dit, tous les fruits produits par les biens que possédait l'absent avant sa disparition.

Mais qu'arrivera-t-il si ces fruits sont ceux d'une chose léguée à titre particulier par l'absent, ou bien d'une chose dont il était usufruitier ou donataire avec clause de retour. Ces fruits devront-ils être accordés aux héritiers légitimes ou aux successeurs universels? Au contraire, devra-t-on attribuer les fruits de la chose léguée

(1) Aubry et Rau, t. 1, § 153, p. 613, n° 36.

au légataire, ceux de la chose donnée au donateur, ceux de la chose grevée d'usufruit au nu-propriétaire? Pour résoudre cette question, il faut appliquer ici cette idée que les fruits produits par une chose sont les accessoires de cette chose et doivent suivre le même sort. Par suite, il est évident que les fruits produits par le bien dont l'absent était usufruitier doivent appartenir au nu-propriétaire. De même les fruits produits par la chose donnée avec clause de retour profiteront au donateur. Enfin les fruits produits par la chose léguée à titre particulier seront acquis au légataire. Pour ce légataire à titre particulier, on objecte l'article 1014 qui ne lui donne droit aux fruits qu'à compter de sa demande en délivrance. Cet article, je pense, ne dispose que pour l'hypothèse ordinaire du décès et n'est pas applicable ici, soit parce que l'héritier lui-même n'ayant pas possédé n'a pas pu gagner les fruits, soit parce que le légataire était dans l'impossibilité de former alors sa demande en délivrance. Il serait inique, nous dit Demolombe, de le priver, dans de telles circonstances, de fruits qui après tout lui appartiennent, d'après la volonté du testateur et les principes généraux du droit, puisqu'ils sont les fruits de sa chose.

Ces envoyés spéciaux ont droit aux fruits produits pendant la présomption d'absence, mais ils les recevront, non comme fruits, mais comme capital. L'article 126 ordonne, en effet, sans distinction, l'emploi des fruits

échus ; l'article 127 n'attribue aux envoyés en possession une part des fruits que comme compensation des
ennuis que leur cause l'administration même des biens
de l'absent. Ces fruits constitueront un capital accessoire
productif de nouveaux fruits.

J'ai dit que toutes les personnes qui ont sur le patrimoine de l'absent des droits subordonnés à la condition
de son décès pouvaient demander l'envoi en possession.
C'est ainsi que les héritiers présomptifs d'abord, que
les légataires, les donataires de biens à venir, les donateurs sous conditions de retour, les créanciers mêmes,
à mon avis, peuvent obtenir la possession provisoire.
Mais comment et à quelles conditions cet envoi pourra-
t-il être accordé ?

§ III. — *Conditions exigées pour l'envoi en possession.*

A. — Procédure.

La demande d'envoi en possession provisoire peut
être formée cumulativement avec celle en déclaration
d'absence, ou séparément en vertu du jugement qui aura
préalablement déclaré l'absence.

En principe, ce sont les héritiers présomptifs qui de-
manderont l'envoi en possession de tous les biens composant le patrimoine de l'absent. Ensuite toutes les demandes spéciales des autres intéressés seront formées
contre les héritiers. Ces derniers délivreront aux léga-

taires et autres ayants droit, les biens particuliers sur lesquels ils ont des droits subordonnés au décès de l'absent. Ces solutions nous sont indiquées formellement par l'article 123 du Code civil.

B. — Garanties de restitution.

La demande d'envoi en possession provisoire que forment les héritiers ou successeurs ne peut être accueillie, aux termes de l'article 120, qu'à charge par eux de donner caution pour sûreté de leur administration.

Le retour de l'absent est d'autant moins probable que l'absence est plus longue. Cependant il peut revenir ; s'il reparaît, les envoyés en possession auront à lui restituer les biens qu'ils ont reçus. Le législateur devait donc organiser au profit de l'absent des garanties sérieuses. Cette garantie de la caution n'est pas la seule qui ait été prise. L'article 126 nous en indique trois autres, à savoir : l'inventaire, la vente du mobilier, l'emploi du prix et des fruits échus.

1° *Caution.* — Voyons d'abord la caution (art. 120-123).

Les héritiers ou successeurs qui demandent l'envoi en possession doivent fournir une caution qui sera reçue dans les formes prescrites pour les cautions légales, et la solvabilité en sera discutée par le Procureur de la République en vertu de l'article 114. Il s'agit ici d'une caution légale, car c'est la loi qui l'impose. Donc (art. 2040) les envoyés en possession ne pourront offrir qu'une caution remplissant les conditions prescrites par les articles 2018 et 2019, c'est-à-dire une caution ayant la capacité de contracter, étant domiciliée dans le ressort de la Cour d'appel où le cautionnement doit être fourni, étant solvable. La solvabilité de cette caution ne s'estimera qu'en égard à ses propriétés foncières, et en écartant tous les immeubles litigieux, et tous les immeubles dont la discussion deviendrait trop difficile par suite de l'éloignement de leur situation.

Qui doit fournir cette caution ? Tous ceux qui demandent l'envoi en possession. Les enfants mêmes ne sont pas dispensés de donner caution, nous dit Locré (tome II, p. 393). Et en effet les articles 120 et 123 sont très clairs sur ce point-là.

Si une exception peut être admise, elle ne peut l'être qu'en faveur de l'État, et en vertu de ce vieil adage : *Fiscus semper solvendo censetur.* Tous les envoyés en possession devront donc présenter une caution, et à défaut de cette caution, ils devront être admis en vertu de l'article 2041 à fournir des sûretés équivalentes un gage ou une hypothèque.

Mais il se peut qu'un envoyé en possession ne trouve pas de caution ou de sûretés équivalentes. La Cour d'appel de Metz, paraît-il, avait demandé dans ses observations que ce point fût réglé par le Code. Il ne l'a point été. Merlin (Rép., t. 16, V° *Absent*, art. 120, § 5) conclut du silence de la loi, qu'à défaut de caution le jugement demeure sans effet et que les choses restent, quant à l'administration des biens de l'absent, dans le même état où elles étaient avant la déclaration d'absence. M. A. Dalloz (Dict., V° *Absent*, n° 184) approuve l'avis de Merlin en y apportant toutefois un tempérament. « Si la gestion, dit-il, entraîne peu de soins, et si l'héritier est dans le besoin, on pourra autoriser en sa faveur la perception de partie des fruits qui devaient appartenir à l'envoyé en possession ». Cette opinion ne me paraît pas très admissible, même avec le tempérament apporté par Dalloz.

Pendant la première période, celle de la présomption d'absence, on ne prend aucune mesure générale pour l'administration des biens de l'absent, parce que, aux yeux du législateur, l'absent vit encore, et très probablement reparaîtra bientôt. Pendant la seconde période, au contraire, le retour de l'absent devient moins probable, le législateur ne peut alors présumer ni sa mort, ni son existence. Il ne peut plus s'occuper uniquement des intérêts de l'absent. Il est forcé de s'occuper aussi des intérêts des successeurs, et c'est surtout de ces intérêts qu'il s'occupe alors.

Or, puisque l'envoi est fait surtout dans l'intérêt des envoyés, est-il juste de priver de cet avantage celui qui n'a pas pu trouver de caution et qui par conséquent a plus besoin que tout autre des secours que cet envoi en possession lui apportera.

Le tempérament que veut apporter Dalloz est absolument arbitraire. Il ne l'appuie sur rien. Il est juridique au contraire d'appliquer en l'espèce les articles 602 et 603 du Code civil. Que veut la loi en effet?

« Ce que la loi exige, dit Demolombe (t. IV, p. 1, §93), ce qui est vraiment indispensable, c'est que le patrimoine de l'absent soit garanti. Le moyen ordinaire sans doute est la caution, mais pourtant, à défaut de caution, on reçoit un gage, une hypothèque en vertu de l'article 2041. Pourquoi, à défaut de gage ou d'hypothèque, n'aurait-on pas recours aux dispositions des articles 602 et 603 ? Qu'importe le moyen quand le but est rempli ».

Tel est bien l'esprit de la loi en effet. Lorsqu'une personne ne pourra donc trouver de caution ou de sûreté équivalente, elle demandera donc que les immeubles soient donnés à ferme, que les sommes d'argent soient placées, et elle touchera les fermages et les intérêts. Ainsi le patrimoine de l'absent sera garanti, l'intérêt des envoyés en possession sera sauvegardé, et l'État lui-même, intéressé à la conservation des fortunes et à leur bonne administration, y trouvera aussi son profit. L'envoyé est tenu de restituer une partie des revenus en vertu de l'article 127. Il pourrait dissiper ceux qu'il perçoit. Le tribunal à mon avis peut ordonner distraction des revenus et ordonner que partie soit déposée à la Caisse des dépôts et consignations.

2° *Inventaire*. — J'ai dit plus haut que la caution n'était pas la seule garantie prise pour sauvegarder les intérêts de l'absent. Parmi les autres garanties que nous indique l'article 126, je trouve l'inventaire.

C'est un principe général que tous ceux qui administrent le bien d'autrui doivent faire procéder à l'inventaire des biens qu'ils reçoivent. Ceux même qui ne sont point obligés à fournir caution, le tuteur par exemple, sont obligés de faire dresser inventaire ; en notre espèce il faut bien effectivement constater ce que les envoyés vont recueillir, pour savoir ce qu'ils seront obligés de restituer s'il y a lieu. Ils doivent donc faire l'inventaire du mobilier et des titres de l'absent, en présence du Procureur de la République ou d'un juge de paix requis par ce magistrat et qui représente l'absent, dans cette opération. L'inventaire sera dressé par un notaire dans les formes ordinaires prescrites par le Code de procédure en présence de tous les envoyés en possession ou eux dûment appelés.

Si l'envoyé en possession provisoire ne fait point inventaire, on admet généralement que l'absent, de retour, pourra établir la consistance de ses biens par tous les moyens, même par de simples ouï-dire en vertu des articles 1415 et 1442 que l'on applique par analogie. Il est à remarquer, toutefois, que les tribunaux exigent la confection de l'inventaire avant l'envoi en possession.

3° *Vente du mobilier*. Le tribunal, dit l'article 126,

ordonnera s'il y a lieu de vendre tout ou partie du mobilier. Le tribunal a donc un pouvoir discrétionnaire pour décider quels meubles doivent être vendus et quels autres conservés. Il faut bien ici concilier l'intérêt de l'absent et celui des envoyés provisoires. Aussi comprend-t-on bien que la loi ait donné au juge les pouvoirs les plus larges. Il se peut que l'absent ait laissé des livres, des tableaux d'un grand prix, des collections très rares, toutes choses qui sont aussi inutiles aux envoyés que chères à l'absent. La loi s'en rapporte à la sagesse du tribunal qui tiendra compte à la fois, et de la nature des meubles, et de la qualité des envoyés en possession. Ordinairement, tous les meubles périssables, meubles meublants, linges, etc., c'est-à-dire ceux qui perdent beaucoup de leur valeur par l'effet du temps, seront vendus.

Delvincourt nous dit (t. I, p. 274, note 10) que les absents, pendant les deux premières périodes, étant à peu près assimilés aux mineurs, toutes les formalités doivent être remplies comme s'il s'agissait de biens appartenant à des mineurs ; c'est-à-dire il faut que la vente du mobilier de l'absent ait lieu aux enchères publiques après affiches et publications. Je ne puis accepter l'avis de Delvincourt dont l'argumentation me paraît beaucoup trop absolue. Le législateur s'est occupé tout spécialement des mineurs, il a voulu les protéger contre toute espèce de fraude et de négligence. Il a créé spécialement pour eux toute une série de formalités qui n'ont que le défaut d'être onéreuses, mais qui assurent effectivement la conservation du patrimoine des mineurs.

Ces formalités exceptionnelles, créées pour la protection des mineurs, devront-elles être transportées et exigées en matière d'absence ? Non évidemment ; d'ailleurs l'article 126 laisse au Tribunal le soin d'apprécier si la vente doit avoir lieu. Donc, *à fortiori*, il peut très bien régler les conditions de cette vente s'il la juge nécessaire, et il peut très bien décider, suivant les circonstances, que la vente aura lieu à l'amiable ou aux enchères publiques.

Les envoyés en possession peuvent du reste valablement vendre les biens de l'absent, sans y avoir été autorisés par justice. Mais dans ce cas ils s'exposeraient plus tard à de nombreuses discussions entre eux et l'absent, sur le point de savoir s'il convenait ou non de vendre. Les envoyés ne sont pas des usufruitiers et ne peuvent par conséquent invoquer la disposition de l'article 589, qui autorise l'usage personnel de choses périssables comme le linge et les meubles meublants, à charge de les restituer, s'il y a lieu, en l'état où ils se trouvent.

L'envoyé provisoire est donc obligé de provoquer du Tribunal une décision sur la vente du mobilier. « S'il néglige ce devoir, il s'expose, nous disent MM. Aubry et Rau, soit qu'il conserve, soit qu'il aliène le mobilier, à voir critiquer sa gestion par l'absent ou ses ayants droit ».

4° *Emploi du prix et des fruits échus.* — L'article 126 ordonne encore aux envoyés en possession de faire emploi du prix de vente du mobilier, ainsi que des fruits échus, mais cet article ne détermine ni l'époque, ni le mode de cet emploi.

Pour l'époque, Talandier nous dit (art. 127, page 203) qu'il serait raisonnable d'appliquer ici, par analogie, les articles 1065-1066 et de décider que l'envoyé devra faire emploi, dans le délai de six mois, du prix provenant de la vente des meubles, des fruits échus et aussi du numéraire trouvé chez l'absent, et qu'il aura trois mois pour les capitaux remboursés pendant la durée de l'envoi en possession, dont il a pu prévoir l'échéance et chercher d'avance le nouveau placement.

Pour moi il est évident qu'en notre matière, on ne saurait appliquer par analogie les règles de la minorité (art. 455) ou des substitutions (art. 1065 et 1066). Mais le Tribunal pourra-t-il régler ces deux points : emploi et époque d'emploi ? Ou bien, dans le silence de la loi, ne lui reconnaîtrons-nous pas le droit de statuer ? Toullier n'admet pas l'intervention du Tribunal et il nous dit : « Le Code ne prescrivant ni le mode ni la nature de l'emploi, ils sont laissés à la prudence des héritiers, qui, à défaut d'emploi, devraient tenir compte des intérêts de plein droit, du jour où il a pu être fait. Ils sont en faute s'ils ont laissé oisifs les capitaux de l'absent, ils sont censés les avoir employés à leur profit ». Ce raisonnement de Toullier pourrait s'appuyer encore sur ce fait que les envoyés en possession ont tout intérêt à trouver promptement un placement sûr. Ils ont intérêt à trouver un placement sûr, parce qu'ils sont responsables des fonds placés envers l'absent. Ils sont intéressés à faire promptement ce placement parce qu'ils acquièrent partie des intérêts.

On admet généralement cependant que le Tribunal peut fixer lui-même le mode et l'époque d'emploi et qu'il a pour cette fixation les pouvoirs les plus étendus.

Cette opinion me paraît préférable. Dans l'article 126 le législateur a voulu donner au Tribunal les pouvoirs les plus larges. C'est ainsi que le Tribunal peut décider quels meubles seront vendus, si même une vente de meubles aura lieu. De là il n'y a qu'un pas pour admettre que ce même Tribunal, ayant décidé la vente du mobilier, pourra fixer lui-même les conditions de cette vente, c'est-à-dire l'emploi du prix résultant de la vente et l'époque de cet emploi.

5° *Visite des immeubles.* — Ceux qui auront obtenu l'envoi provisoire, nous dit l'article 126, *in fine*, pourront requérir, pour leur sûreté, qu'il soit procédé, par un expert nommé par le Tribunal, à la visite des immeubles à l'effet d'en constater l'état. Son rapport sera homologué en présence du Procureur de la République ; les frais en seront pris sur les biens de l'absent.

Cette visite a été imaginée beaucoup plus dans l'intérêt de l'envoyé provisoire que dans celui de l'absent. Voilà pourquoi elle est facultative ; son but est d'empêcher toutes contestations de s'élever au retour de l'absent sur l'état des immeubles.

Mais qu'arrivera-t-il si l'état des immeubles n'a pas été dressé. Devons-nous, comme certains le prétendent, faire ici une application de l'article 1731 et dire : « *S'il n'a pas été fait d'état des lieux, le preneur est présumé les avoir reçus en bon état de réparations locatives, et doit les rendre tels, sauf la preuve contraire* ».

Je ne le crois pas. L'article 1731 établit en effet une présomption légale. Or il est de principe de ne pas étendre d'un cas à un autre les présomptions légales, surtout alors que l'analogie fait défaut et c'est précisément le cas. L'article 1731 concerne le contrat de bail, contrat dans lequel le locataire a le droit d'exiger que la chose lui soit remise en bon état. Mais en matière d'absence, les envoyés provisoires n'ont pas ce droit. Ils reçoivent les biens dans l'état où ils se trouvent, et habituellement les biens de l'absent ayant été un certain temps à l'abandon, seront remis aux envoyés provisoires en fort mauvais état.

Les frais résultant de cette visite des immeubles sont mis à la charge de l'absent, dont l'intérêt est de connaître exactement en quel état étaient ses immeubles au moment de l'envoi en possession.

CHAPITRE II

§ I. — *Préliminaires*.

Nous allons examiner maintenant quels sont les obligations, les droits et les pouvoirs des envoyés en possession provisoire; mais pour bien comprendre l'étendue de ces droits et obligations, il est nécessaire, croyons-nous d'examiner tout d'abord deux points importants.

1° *Vis-à-vis des envoyés provisoires, l'absent est-il présumé mort ou vivant?*

2° *A quel titre les envoyés provisoires sont-ils détenteurs du patrimoine de l'absent?*

1° Dans l'ancien droit, nos vieux auteurs s'accordaient à dire que l'absent devait être présumé mort lorsqu'il s'était écoulé cent ans depuis sa naissance. On s'appuyait sur les probabilités qui régissent la durée de la vie humaine.

Cette présomption n'a point été formulée par le Code civil. Mais comme elle a un très grand intérêt, puisqu'elle domine toute notre matière, on s'est demandé si vraiment une présomption de mort ou une présomption d'existence règne pendant la période d'envoi en possession provisoire.

Dans une première opinion la présomption de mort n'existe qu'après l'envoi définitif. Elle n'existe pas dans la période d'envoi en possession provisoire. L'article 125 en effet qualifie de *dépôt* l'envoi provisoire. Or, pour qu'un dépôt existe, il faut un déposant qui ne peut être que l'absent. L'article 124 d'ailleurs, dit-on, devrait enlever tous les doutes, puisqu'il accorde à l'époux commun en biens présent le droit d'opter pour la continuation de la communauté. Or le maintien de cette communauté implique nécessairement une présomption de l'existence de l'absent. Ce dernier conserve alors tous ses biens et ses héritiers présomptifs ne peuvent obtenir l'envoi en possession. Cette présomption d'existence résulte encore, ajoute-t-on, des travaux préparatoires. C'est dans l'intérêt de l'absent, nous dit Tronchet, qu'a lieu l'envoi en possession provisoire. Bigot de Préameneu déclare aussi que cet envoi en possession n'est « qu'un acte de conservation, fondé sur la nécessité constante, et pour l'absent lui-même un acte de protection qui garantit son patrimoine d'une perte qui devenait inévitable ».

Mais, d'après les partisans de l'opinion en question, que l'envoi en possession définitif soit accordé, alors tout change. La présomption d'existence est renversée et remplacée par une présomption de mort. L'article 132 ne permet à l'absent de retour de ne réclamer que les biens qui se trouvent encore entre les mains des envoyés provisoires. Donc ceux-ci, à compter de l'envoi en possession définitif, ont pu les aliéner valablement. Il en résulte avec évidence, dit-on, une présomption de mort vis-à-vis des tiers, mais il en résulte aussi dans les rapports avec les envoyés provisoires que l'absent n'est jamais présumé mort.

Dans une seconde opinion on prétend que pendant l'envoi en possession provisoire l'absent est présumé mort. Le législateur par l'article 120 déclare ouverte la succession de l'absent. Il y appelle les héritiers présomptifs de ce dernier au jour de sa disparition ou de ses dernières nouvelles. Il ordonne (art. 123) l'ouverture du testament de l'absent et il fait produire effet à un acte qui en principe n'en peut produire qu'après le décès. Les successeurs ainsi appelés paient les droits de mutation. Ils deviennent si bien propriétaires que (art. 134) toutes les actions doivent être désormais exercées contre eux et non plus contre l'absent. Si, plus tard, l'absent reparaît, ils n'ont à restituer qu'une partie très minime des fruits qu'ils ont perçus. Enfin, en vertu de l'article 142, si la mère meurt après l'absence déclarée du père, il y a lieu à une véritable tutelle, ce qui vient encore prouver plus fortement la présomption de mort de l'absent pendant la période d'envoi en possession provisoire. Cette présomption n'est pas formulée positive-

ment dans le Code civil, mais elle ressort avec une évidence telle qu'il est impossible de ne pas l'admettre.

Voilà les principaux arguments invoqués dans chacune des opinions contraires. Il y a évidemment des arguments d'une très grande force de chaque côté. Malgré
cela nous ne pouvons admettre aucune de ces opinions.
Pour nous, à une situation exceptionnelle, le législateur a répondu par des dispositions de lois exceptionnelles. Il n'a voulu établir ni présomption d'existence,
ni présomption de mort. Il ne pourrait s'agir ici que
d'une présomption légale. Or, ces présomptions ne peuvent être tirées d'un texte par déduction.

Les présomptions légales (art. 1349) doivent être spécialement établies par une disposition de loi. Toutes
celles qui existent sont limitativement énumérées. Or
aucun texte de loi n'établit une présomption légale en
vertu de laquelle l'absent devait être réputé vivant ou
mort ; aucune disposition de ce genre n'est écrite dans
la loi. C'est la solution admise par la Cour de cassation.
Comme elle le dit fort bien, « l'absent n'est réputé ni
mort ni vivant ». On a seulement des doutes sur son
existence (V. Cass., 14 août 1871, S. 71.1.101 ; 29 janvier 1879, S. 79.1.159 ; D. P. 79.1.76) (1).

Il résulte de tout ceci que celui qui fonde une demande sur la vie ou le décès de l'absent doit établir la

_____

(1) En ce sens. V. notamment Laurent, *Principes de droit civil*, t. 2, n°s 122
et suiv.

preuve de ce fait. Il ne peut baser sa prétention uniquement sur une présomption d'existence ou de mort de l'absent.

Il est donc soumis au grand principe édicté par la loi en matière de preuves : *Actori incumbit probatio*. C'est ainsi, par exemple, que le nu-propriétaire qui veut recouvrer l'usufruit d'un bien donné à l'absent doit prouver le décès de ce dernier.

2° A quel titre les envoyés en possession provisoire sont-ils détenteurs du patrimoine de l'absent?

« La possession provisoire, nous dit l'article 125, ne sera qu'un *dépôt*, qui donnera à ceux qui l'obtiendront l'administration des biens de l'absent, et qui les rendra comptables envers lui, en cas qu'il reparaisse ou qu'on ait de ses nouvelles ».

Faut-il entendre ici ce mot *dépôt* dans son sens ordinaire? Non évidemment. Le dépôt véritable, en effet, ne s'applique qu'aux choses mobilières (art. 1918) ; or, l'envoi en possession provisoire comprend même les immeubles. En second lieu, le dépôt véritable est essentiellement gratuit (art. 1917) ; le dépositaire n'a pas la jouissance de la chose confiée à sa garde. Les envoyés en possession provisoire, au contraire, ont droit à une part importante dans les fruits (art. 127). Ils sont donc très largement salariés. Enfin le dépôt véritable n'emporte que l'obligation de garder et de restituer la chose en nature (art. 1915).

Le dépositaire n'administre pas, tandis que les envoyés sont chargés de gérer et d'administrer les biens dont la possession provisoire leur a été déférée. De plus ils ne rendent pas toujours identiquement les mêmes biens qu'ils ont reçus.

L'envoi en possession n'est donc pas un *dépôt* dans le sens technique du mot. C'est un *dépôt* ayant des caractères tout particuliers. En employant cette expression, le législateur a voulu dire tout simplement que les envoyés devenaient comptables envers l'absent, au cas où celui-ci reparaîtrait ou enverrait de ses nouvelles. La loi nous indique par là que les envoyés ne sont que des détenteurs précaires, possédant non pour leur propre compte, mais pour celui de l'absent, le véritable propriétaire. De là cette conséquence importante qu'ils ne peuvent pas prescrire contre l'absent par quelque laps de temps que ce soit (art. 2236). Ils n'ont pas une des conditions essentielles exigées pour la prescription, l'*animus domini*, c'est-à-dire la volonté de se comporter en propriétaire exclusif.

Du caractère que présente ainsi l'envoi en possession provisoire, il résulte que si les dettes de l'absent se divisent de plein droit entre les envoyés, ceux-ci ne sont tenus de les acquitter qu'*intra vires bonorum*, c'est-à-dire jusqu'à concurrence seulement de la valeur des biens qu'ils détiennent. On ne peut les traiter comme des héritiers tenus *ultra vires*. Les envoyés, en effet, sont des dépositaires. A ce titre, ils doivent payer les dettes de l'absent, mais bien entendu seulement sur les biens de ce dernier.

Faisons remarquer que ce caractère de dépôt, l'envoi en possession ne peut l'avoir que vis-à-vis de l'absent et non vis-à-vis des tiers. Si un envoyé en possession a vendu ou hypothéqué un immeuble de l'absent, la validité de cette vente, de cette hypothèque est parfaitement maintenue au cas où l'absent ne reparaîtrait plus.

§ II. — *Pouvoirs des envoyés en possession.*

Nous avons vu quelles personnes pouvaient demander l'envoi en possession. Si une seule personne a ce droit ou si une seule personne exerce ce droit, seule elle aura l'administration des biens de l'absent. Si, au contraire, il y a plusieurs envoyés en possession provisoire, ils se diviseront entre eux cette administration proportionnellement à leurs droits héréditaires. S'ils ne pouvaient s'entendre, la justice trancherait le différend. Ce que les envoyés se partagent ainsi, ce n'est point la propriété des biens de l'absent comme on le dit généralement, c'est simplement le droit d'administration de ces biens. Ils sont en effet simplement dépositaires et ce ne sera qu'après l'envoi définitif qu'ils pourront demander le partage des biens de l'absent, et devenir alors, vis-à-vis des tiers, propriétaires des biens de l'absent. Les envoyés provisoires sont donc chargés de l'administration des biens. Administrer, tel est le but principal de leur mission. Voyons donc quelle est exactement l'étendue de ce droit d'administration. Il est bien difficile de le déterminer exactement, car le Code civil est muet sur ce point. L'article 125 dit simplement que l'envoyé est dépositaire et administrateur. Nous sommes donc obligés de compléter la loi, et de rechercher quelles règles la loi a établies pour des situations analogues ; nous aurons donc à nous reporter aux règles concernant le mandat, la tutelle, l'hérédité bénéficiaire.

L'envoyé en possession provisoire, comme un mandataire, administre le patrimoine d'autrui, et si l'absent reparaît il doit lui rendre des comptes. Pareil à un tuteur, il veille aux intérêts de l'absent, jugé par la loi digne de protection comme incapable. L'héritier bénéficiaire administre pour autrui, mais dans l'espérance d'obtenir le reliquat ; ainsi fait l'envoyé provisoire ignorant si le bien qu'il administre sera sa propriété.

Quoi qu'il en soit, les pouvoirs des envoyés en possession provisoire relativement aux biens de l'absent sont ceux qui appartiennent d'une manière générale à tout administrateur de la fortune d'autrui.

Aussi, en principe, l'envoyé en possession provisoire ne fait que des actes d'administration. Cependant il peut dans certains cas, faire même des actes de disposition.

A. — Actes d'administration.

a) Actes conservatoires et réparations.

Il y a tout d'abord, toute une catégorie d'actes qu'un administrateur peut et même doit faire : ce sont les actes conservatoires. Non seulement c'est un droit pour un administrateur, mais même c'est une obligation. C'est ainsi que l'envoyé en possession provisoire peut interrompre les prescriptions qui courent contre l'absent, prendre et renouveler une inscription hypothécaire, recevoir les capitaux dus à l'absent et en donner valablement décharge.

Au même titre, l'envoyé en possession provisoire est tenu d'entretenir les biens de l'absent en bon père de famille et d'y faire toutes les réparations quelles qu'elles soient, « depuis les plus petites, nous dit Demolombe, jusqu'aux plus grandes ». Il n'y a donc pas lieu de distinguer entre les grosses réparations, les réparations d'entretien, et les réparations locatives. Elles incombent toutes à l'envoyé en possession à raison de sa qualité d'administrateur.

Mais des difficultés peuvent s'élever sur le point de savoir quelles sont parmi ces réparations, d'une part celles que l'envoyé doit payer lui-même, *de suo*, qui restent définitivement à sa charge, et d'autre part celles que l'envoyé peut porter en compte à l'absent.

En ce qui concerne les petites réparations, réparations

locatives et d'entretien, elles seront supportées par l'envoyé en possession. Nous allons voir, en effet, que la loi accorde aux envoyés en possession provisoire une partie des fruits et des revenus produits par les biens de l'absent.

Or les personnes qui ont droit à une quotité des fruits doivent contribuer proportionnellement aux dépenses qui sont une charge annuelle des fruits, tels que les impôts, les réparations locatives et d'entretien (art. 548, 608, 610, 1754, C. civ.).

A l'inverse l'envoyé en possession provisoire ne sera pas tenu des grosses réparations, car elles ne sont pas une charge des fruits. L'usufruitier ne les supporte pas, à plus forte raison doit-il en être de même des envoyés en possession provisoire. Il faut excepter seulement l'hypothèse où les grandes réparations auraient été occasionnées et rendues nécessaires par le défaut d'entretien des biens de l'absent.

Il y a eu alors une faute commise par les envoyés. Mais, sous cette réserve, si les frais des grosses réparations ont été avancés par les envoyés, ceux-ci peuvent les porter en compte à l'absent.

De plus les fonds nécessaires à ces grosses réparations pourront être prélevés sur les capitaux de l'absent. S'il n'existe pas de capitaux, on fera un emprunt où l'on vendra un des biens de l'absent ; nous verrons plus loin comment cet emprunt pourra être fait.

Les solutions que nous venons de donner sont très généralement admises (1).

b) Baux.

Les envoyés en possession provisoire peuvent aussi donner à bail les biens de l'absent. Passer un bail, en effet, c'est faire évidemment un acte d'administration.

Mais des difficultés assez sérieuses se présentent à cet égard. Est-ce que, pour la durée des baux et l'époque de leur renouvellement, les envoyés en possession seront obligés de se conformer aux dispositions restrictives des articles 1429 et 1430 du Code civil? Ces articles prévoient le cas où le mari sous le régime de la communauté, agissant seul en sa qualité d'administrateur des biens de sa femme, donne à bail un bien appartenant à cette dernière. Dans cette hypothèse la durée du bail ne peut excéder neuf années. S'il a été consenti pour une durée plus longue, il n'est opposable à la femme que dans la limite fixée par la loi. Le Code civil applique les mêmes règles à l'usufruitier (art. 595, C. civ.); au tuteur (art. 1718, C. civ.); au mineur émancipé (art. 481).

Faut-il étendre les mêmes principes aux envoyés en possession provisoire? On l'a soutenu (2). En effet, a-

(1) Demolombe, *Traité de l'absence*, n° 127; Aubry et Rau, t. 1, p. 615, § 154; Laurent, t. 2, n° 193.

(2) Duranton, t. 1, n° 490; Duvergier, *Du louage*, t. XVIII, n° 40; Rolland de Villargues, v° *Bail*, n° 31; Marcadé, sur l'art. 128, n° 5; Troplong, *Du louage*, t. 1, n° 150; Laurent, t. 2, n° 176; Baudry-Lacantinerie, t. 1, n° 359.

t-on dit, les envoyés en possession provisoire ne sont que de simples administrateurs. Or la loi dans les articles 1429 et suivants, 1718, 595, 481, formule un principe général. D'après le Code, les baux ne sont considérés comme des actes d'administration que dans le cas où leur durée ne dépasse pas neuf années. On ne trouve pas dans notre droit un seul administrateur ayant le pouvoir de faire des baux pour une durée plus longue.

Dès lors, ajoute-t-on, il faudrait un texte pour que l'on pût admettre une exception à ce principe général en ce qui concerne les envoyés en possession provisoire des biens d'un absent. Ce texte, nous ne l'avons pas. Par conséquent, les envoyés ne pourront donner à bail les biens de l'absent pour plus de neuf années. Les baux consentis pour une durée plus longue ne seront opposables à l'absent, en cas de retour, que pour la période de neuf années dans laquelle on se trouvera à ce moment.

Je ne peux, pour ma part, adhérer à cette doctrine. La loi, dans les articles 1429 et 1430 du Code civil, n'a pas tracé des règles générales relatives aux baux consentis par tous les administrateurs de la fortune d'autrui.

Elle n'a pas établi, comme principe général, qu'un bail serait acte d'administration lorsqu'il aurait une durée de neuf années, qu'au-dessus il constituerait un acte de disposition. Je ne le crois pas.

En effet, lorsque le législateur a voulu défendre à l'usufruitier de passer des baux de plus de 9 années, il l'a fait en termes catégoriques, dans l'article 595, en ordonnant de se reporter aux règles établies au titre : *Du contrat de mariage et des droits respectifs des époux*. De même l'article 1718, au titre du contrat de louage, prescrit formellement au tuteur d'observer les articles 1429 et 1430 pour les baux des biens du pupille. Même observation pour l'article 481. Nous n'avons, au contraire, aucun texte pour les envoyés en possession provisoire. Il est donc impossible de les soumettre à la règle des articles 1429 et 1430, et on doit leur reconnaître le droit de passer tous les baux des biens de l'absent, quelle que soit leur durée.

Du reste, si le législateur a gardé le silence en notre matière de l'absence, il l'a fait sciemment. Sans doute, les envoyés en possession provisoire sont certainement des administrateurs du bien d'autrui. Mais ils ont, de plus, une situation toute particulière, en ce sens qu'ils sont très fondés à croire qu'ils resteront propriétaires des biens qu'ils administrent. Tout au moins, il y a là pour eux une éventualité possible. Dans ces conditions, il n'est pas à craindre que les envoyés consentent à la légère des baux d'une durée trop longue, et qui pourront être préjudiciables. Voilà, à mon avis, la raison pour laquelle le législateur n'a pas cru nécessaire d'imposer aux envoyés l'obligation stricte de se conformer aux articles 1429 et 1430 du Code civil (1).

M. Demolombe (2) pense lui aussi que les articles 1429 et 1430 ne sont pas directement applicables à l'absence. Mais, pour lui, la question de savoir quels sont les pouvoirs des envoyés relativement aux baux des biens de l'absent est une question de fait plutôt que de droit. D'après le savant auteur, tout dépend des circonstances. Les juges devront maintenir à l'égard de l'absent les baux consentis même pour plus de neuf années, toutes les fois que ces baux auront été faits de bonne foi, sans fraude, lorsque des motifs légitimes expliqueront leur longue durée. Cette opinion, malgré l'autorité du nom de celui qui la proposait, n'a pas triomphé et avec raison. Comme le fait remarquer fort bien M. Laurent (3) : « Qu'importe que le bail soit fait de bonne foi, si celui qui l'a passé n'avait pas le droit de le souscrire ? Qu'importe que les circonstances légitiment la longue durée d'un bail, si la loi ne l'autorise pas ? Sont-ce les faits qui régissent le droit, ou est-ce le droit qui régit les faits ? C'est la ruine de la science que de plier le droit devant les faits, alors que le devoir de l'interprète est d'appliquer aux faits le droit tel que le législateur le formule. Sans doute les Tribunaux subissent l'influence des faits, il suffit de

____

(1) Conf., dans notre sens, Aubry et Rau, t. I, p. 607, § 153.
(2) *Traité de l'absence*, n° 105.
(3) *Principes de droit civil*, t. 2, n° 176.

parcourir un recueil d'arrêts pour s'en convaincre. Le juge n'est que trop enclin à faire violence au droit pour l'accommoder à la cause. Il ne faut pas que la science l'y encourage, elle doit maintenir les principes, sinon elle abdique ».

c) Placement des fonds.

Les envoyés en possession provisoire sont administrateurs. Ils ne peuvent donc conserver improductifs les fonds dus à l'absent et qu'ils ont touchés en leur qualité d'envoyés en possession. D'autre part, on ne peut leur imposer évidemment l'obligation de placer ces fonds aussitôt qu'ils les ont reçus. Il est juste et raisonnable qu'ils puissent choisir un placement sûr et avantageux. Deux questions peuvent donc se poser : 1º Pendant combien de temps un envoyé en possession pourra-t-il garder chez lui improductifs des fonds touchés au compte de l'absent ? 2º Quelle liberté a-t-il dans le choix du placement ? A ces deux questions j'ai déjà répondu un peu plus haut en étudiant l'obligation imposée aux envoyés en possession provisoire de faire emploi du prix de vente des meubles et des fruits au moment même de l'envoi ou de l'entrée en possession (voir page 145). Je crois qu'on ne peut appliquer ici par analogie les articles 455, 1065, 1066 qui permettent à un administrateur de biens d'autrui de conserver, seulement pendant 6 mois, improductifs des fonds ne lui appartenant pas.

En l'absence d'un texte de loi, les envoyés en possession provisoire auront des pouvoirs très étendus. Ils
choisiront à leur gré, tant la date du placement, que le
placement lui-même. Ils pourront même, s'ils le désirent, conserver eux-mêmes ces fonds pour les faire produire. Ces pouvoirs de l'envoyé en possession provisoire
ainsi entendus ne sont-ils pas trop larges, et ne peuvent-
ils pas nuire à l'absent? Non, rien à craindre. L'envoyé en
possession a tout intérêt à conserver improductifs le
moins longtemps possible les fonds qu'il a reçus. Il a
tout intérêt à trouver un placement sûr ; car de deux
choses l'une : ou il a placé ces fonds en son nom personnel, ou il les a placés au nom de l'absent. Si le prêt est
en son nom il est responsable, c'est-à-dire que non seulement il perd dans l'avenir les intérêts, mais il perd encore le capital dont il devient comptable envers l'absent,
capital garanti par le cautionnement fourni à l'entrée en
possession. Si le placement a eu lieu au nom de l'absent,
le capital est perdu pour l'absent, mais l'envoyé en possession provisoire ne pourra plus bénéficier des intérêts.

d) Interrompre la prescription.

On peut examiner cette question à trois points de vue :

1° La prescription peut-elle courir contre l'absent au
profit des envoyés ?

2° La prescription peut-elle courir contre les envoyés
au profit de l'absent ?

3° Peut-elle enfin courir contre l'absent au profit d'un tiers et réciproquement?

Tout d'abord la prescription ne peut courir contre l'absent, au profit des envoyés en possession provisoire. Ces envoyés en possession ne sont point propriétaires des biens de l'absent. Ils sont dépositaires, nous dit l'article 125 du Code civil, c'est-à-dire ce sont des détenteurs précaires, qui possèdent non pour eux-mêmes, mais pour le compte de l'absent. Or, nous dit l'article 2236, tous ceux qui possèdent pour autrui, comme le dépositaire, ne prescrivent jamais, par quelque laps de temps que ce soit. Ils n'ont pas l'*animus domini*, condition essentielle pour prescrire. Du reste il est bien juste que les envoyés en possession provisoire ne puissent prescrire. Ce sont eux en effet qui sont chargés de représenter l'absent et de le défendre; s'ils pouvaient prescrire ils deviendraient responsables eux-mêmes envers l'absent des prescriptions encourues. Mais étant donné ce principe, un envoyé provisoire peut dans certains cas prescrire contre l'absent. Je suppose un donateur avec clause de retour qui recouvre le bien donné après la déclaration d'absence prononcée. Cet homme pourra, sauf en ce qui concerne l'objet de la donation, prescrire contre l'absent, parce qu'il ne représente l'absent qu'à titre particulier, parce qu'il n'est responsable envers l'absent qu'en ce qui concerne, je le répète, cet objet donné sur lequel a porté uniquement son envoi en possession.

Je suppose maintenant que l'absent a laissé trois immeubles de même valeur et trois héritiers présomptifs. Ils demandent l'envoi en possession et s'adjugent chacun un immeuble. Un de ces envoyés pourra-t-il prescrire une parcelle d'un immeuble attribué ainsi à son voisin, et arriver par ce moyen à prescrire contre l'absent? Non, la prescription est impossible dans ce cas, parce que le partage n'a pu être qu'un partage de jouissance, dans les rapports des envoyés vis-à-vis de l'absent. Un seul dépôt, si je puis appliquer ce mot à des immeubles, leur a été confié ; ils se sont partagé la surveillance et l'entretien de ce dépôt, mais en réalité tous trois sont administrateurs généraux des biens de l'absent, ce sont eux qui le représentent et par suite doivent le défendre. Chacun représente l'absent non seulement en ce qui concerne l'immeuble qu'il gère, mais encore en ce qui concerne les deux autres immeubles ; car l'envoi en possession prononcé par le Tribunal porte indivisément sur ces trois immeubles. Dès lors les tiers envoyés en possession provisoire ont été impuissants ensuite à s'attribuer une propriété exclusive et définitive.

Maintenant l'absent peut-il prescrire contre les envoyés en possession provisoire? L'article 2251 nous dit que la prescription court contre toutes personnes, à moins qu'elles ne soient dans quelque exception établie par une loi. Au premier abord il semble donc bien que l'absent peut prescrire contre l'envoyé en possession provisoire.

Cependant on a trouvé bien dur de refuser la prescription à l'envoyé et de l'accorder à l'absent souvent très négligent et par suite moins digne de sympathie. On a été amené ainsi à adopter le principe de la réciprocité. On a basé ce principe sur l'article 2258 du Code civil. Cet article déclare que l'héritier bénéficiaire ne peut voir invoquer contre lui la prescription relativement aux créances qu'il a contre la succession. Sans cet article l'héritier bénéficiaire aurait été obligé de se poursuivre lui-même pour empêcher la prescription, ou bien de faire nommer un curateur *ad hoc* qu'il aurait actionné. L'analogie de situation entre l'envoyé en possession et l'héritier bénéficiaire est évidente. Si l'on refuse à l'envoyé le droit d'invoquer par analogie l'article 2258, il faudra le forcer à s'actionner lui-même, ou à faire nommer un curateur *ad hoc* qu'il poursuivra afin d'empêcher l'absent de prescrire contre lui. Admettre par analogie l'application de l'article 2258, c'est éviter des lenteurs et des frais de procédure inutiles.

En ce qui concerne les tiers, la prescription s'accomplit dans les conditions ordinaires, c'est-à-dire qu'ils pourront très bien prescrire contre l'absent, s'ils n'en sont empêchés par les envoyés en possession à qui incombe précisément l'obligation de veiller. Par contre l'absent peut parfaitement prescrire contre les tiers.

Quelques difficultés peuvent se présenter. Un tiers, je suppose, veut invoquer la prescription. Contre qui la prescription a-t-elle couru ? Est-ce contre l'envoyé provisoire ou contre l'absent ? Cette question peut avoir un très grand intérêt, au cas où l'un d'eux invoque une suspension de prescription pour cause de minorité.

Si l'absent reparaît on admet que la prescription a couru contre lui ; si donc il a été mineur pendant un certain temps, on défalque la période de sa minorité. Il ne peut invoquer les causes de suspension qui sont personnelles aux envoyés, parce que ceux-ci ne sont que des administrateurs. Si l'absent ne reparaît pas, l'envoyé provisoire pourra très bien invoquer les causes de suspension qui lui sont personnelles à lui-même.

Il peut arriver que l'absent majeur de retour se trouve en présence d'un tiers qui invoque la prescription. Il se retournera vers l'envoyé provisoire responsable. Mais si celui-ci est mineur, l'absent ne sera-t-il donc pas protégé ?

Oui, l'absent sera protégé ; il pourra actionner le mineur en responsabilité, sauf le recours de ce dernier contre son tuteur.

e) Plaider.

L'un des principaux effets de l'envoi en possession, nous dit Toullier (t. IV, § 434), est de faire résider toutes les actions actives et passives de l'absent sur la tête des héritiers qui le représentent.

Cette opinion de Toullier n'est point reçue par tous et je crois même que tel n'est point l'avis de la majorité des auteurs. En général, en effet, on veut appliquer en cette matière les règles de la tutelle et établir une distinction entre les actions actives et les actions passives.

Pour les actions passives, pas de difficultés. Pour les actions actives il y a controverse. Le tuteur, en vertu de l'article 464 du Code civil, ne peut introduire en justice aucune action relative aux droits immobiliers du mineur sans l'autorisation du conseil de famille. Pourquoi alors, a-t-on dit, ne point obliger l'envoyé en possession provisoire, qui veut introduire en justice une action relative aux droits immobiliers de l'absent, à s'adresser au Tribunal pour en obtenir l'autorisation? L'envoyé peut, comme le tuteur, administrer le bien d'autrui et l'absent, comme le mineur, a besoin d'une protection sérieuse. On peut craindre, en effet, que l'envoyé en possession provisoire ne s'entende avec un acquéreur et déguise une aliénation volontaire sous l'apparence d'un procès. Il mettrait l'acquéreur en possession d'abord et ne l'attaquerait ensuite que pour lui faire obtenir gain de cause.

Je ne crois point qu'il faille établir cette analogie entre la tutelle et l'envoi en possession. En matière de tutelle, il y a un conseil de famille qui peut sérieusement défendre les intérêts du mineur. En matière d'envoi en possession, le ministère public est le meilleur protecteur de l'absent, je pourrais même dire le seul protecteur.

Le Tribunal devant lequel sera intentée l'action immobilière relative aux biens de l'absent saura qu'une fraude peut être tentée par l'envoyé de connivence avec un acquéreur. Il apportera tous ses soins à déjouer les projets de cet envoyé provisoire peu scrupuleux.

D'ailleurs, si l'on admet que l'envoyé en possession provisoire doit nécessairement demander au Tribunal le droit d'intenter une action immobilière au nom de l'absent, comment le Tribunal pourra-t-il lui refuser l'exercice de ce droit à un moment où il ne connaît pas encore l'affaire et où il n'a entre les mains aucun élément d'appréciation ?

J'estime donc que les envoyés en possession provisoire peuvent plaider dans tous les cas, au nom de l'absent, sans autorisation de justice. Cela ressort du reste de l'article 120 qui, en attribuant à l'envoyé tous les biens de l'absent, lui donne par là même toutes ses actions actives, mobilières ou immobilières. L'absent a dans ce cas deux garanties qui sont absolument suffisantes: 1° le jugement lui-même ; 2° la caution fournie par l'envoyé en possession provisoire qui intente le procès.

Quant aux actions passives, l'article 134 du Code civil nous dit que « après le jugement de déclaration d'absence toute personne qui aurait des droits à exercer contre l'absent ne pourra les poursuivre que contre ceux qui auront été envoyés en possession des biens ou qui en auront l'administration légale ». Ce sera très simple, s'il y a des envoyés en possession provisoire. Mais il peut se faire qu'un jugement de déclaration d'absence ait été seulement prononcé, sans que le tribunal ait été appelé à statuer sur l'envoi en possession provisoire.

S'il n'y a pas d'envoyé, les créanciers devront demander la nomination d'un curateur *ad hoc* qui représentera l'absent et contre lequel ils poursuivront leur créance.

B. — Actes d'aliénation.

1° *Droit d'aliéner*. — En principe l'envoyé en possession provisoire ne peut aliéner. Il n'est pas propriétaire. Il n'est que dépositaire ; aussi il ne peut transférer une propriété qu'il n'a pas. L'article 128 du Code civil le dit du reste expressément en ce qui concerne les immeubles. Article 128 : « Tous ceux qui ne jouiront qu'en vertu de l'envoi provisoire, ne pourront aliéner, ni hypothéquer les immeubles de l'absent ».

Pour les immeubles, il n'y a pas de difficultés et tout le monde est d'accord pour admettre que l'envoyé provisoire ne peut aliéner un immeuble ni à titre onéreux, ni à titre gratuit.

Pour les meubles c'est différent. Certains auteurs prétendent que toujours et en tous cas l'envoyé provisoire peut aliéner les meubles de l'absent.

D'autres jurisconsultes, au contraire, prétendent que l'envoyé ne peut jamais consentir une telle aliénation. Enfin quelques auteurs prennent un moyen intermédiaire, et distinguent les aliénations de meubles qui rentrent dans l'exercice d'une bonne administration.

Certains, dis-je, prétendent que l'envoyé provisoire peut toujours aliéner les meubles de l'absent. Ils argumentent *à contrario* de l'article 128 et disent : si le législateur a défendu d'aliéner les immeubles et n'a pas parlé des meubles, c'est évidemment parce qu'il a voulu autoriser la vente des meubles. Tel n'est point mon avis. Et d'abord si l'article 128 ne parle pas des meubles, le droit commun doit recevoir son application. Or, il défend l'aliénation à un non propriétaire. Ensuite, il est assez facile de voir pourquoi le législateur n'a pas parlé de la vente des meubles dans l'article 128. Le Tribunal, avant d'ordonner l'envoi en possession, détermine les meubles qui doivent être vendus ; implicitement il ordonne ainsi la conservation du reste.

La deuxième opinion soutient que jamais l'envoyé provisoire ne peut aliéner les biens de l'absent.

L'envoyé provisoire, dit-on, est le mandataire légal de l'absent. Or, pour aliéner, il faut un mandat *exprès*, ce que n'a pas l'envoyé provisoire. Il est donc dans l'impossibilité d'aliéner. Ce sont là, je crois, les vrais principes que nous devons admettre. Mais il ne faut pas en exagérer la portée et à côté de ces principes, il faut admettre que toute aliénation est parfaitement valable, lorsqu'elle rentre dans les limites d'une sage administration.

Maintenant supposons que l'envoyé provisoire, malgré cette défense, ait aliéné un bien meuble appartenant à l'absent, quelle sera la sanction ? Pour répondre à cette question, il faut distinguer les meubles incorporels et les meubles corporels.

S'il s'agit d'un meuble corporel, la vente consentie par l'envoyé sera presque toujours inattaquable, parce que l'acquéreur sera protégé par l'article 2279 qu'il ne manquera pas d'invoquer.

S'il s'agit de meubles incorporels, de créances, de rentes par exemple, les envoyés ne pourront ni les céder, ni les transporter, car ce serait là une aliénation. L'aliénation d'un meuble incorporel est nulle *erga omnes*, car la règle : en fait de meubles possession vaut titre, ne s'applique pas aux choses incorporelles.

De même l'envoyé en possession provisoire ne peut vendre les immeubles de l'absent, mais je suppose que, malgré cette défense, il ait consenti une vente, quelle en sera la valeur?

Il faut distinguer alors s'il a vendu l'immeuble comme bien appartenant à l'absent ou comme bien lui appartenant à lui-même. S'il a vendu en faisant connaître sa qualité de détenteur précaire la vente est parfaite. C'est une vente conditionnelle subordonnée à la condition résolutoire du retour de l'absent. Si au contraire l'envoyé provisoire n'a pas fait connaître sa qualité d'administrateur, la vente est nulle, mais cette nullité est toute rela-

tive. Si l'absent revient avant l'envoi en possession définitif, et avant que l'acquéreur ait pu prescrire, il pourra
revendiquer son immeuble. Mais après l'envoi en possession définitif, il ne le pourra plus. Il aura simplement
le droit en vertu de l'article 132 de réclamer le prix de
son immeuble aliéné.

L'envoyé provisoire, qui a vendu un immeuble de
l'absent comme étant sien, ne pourra le revendiquer
ensuite. Il ne pourra agir personnellement, puisqu'il est
vendeur, et par suite tenu de garantir à l'acquéreur la
possession paisible et durable. Il ne pourra agir du chef
de l'absent parce que la nullité est relative. L'existence
de l'absent est problématique ; l'immeuble vendu peut
très bien en réalité appartenir à l'envoyé.

L'acquéreur, à qui l'envoyé provisoire a vendu un
immeuble de l'absent comme étant sien, ne peut également invoquer la nullité de la vente, car c'est à lui de
prouver que la chose appartient à autrui. Pour cela il est
obligé de prouver l'existence de l'absent, c'est-à-dire
d'apporter une preuve impossible.

En résumé, l'envoyé en possession provisoire ne peut
en principe aliéner ni les immeubles ni les meubles de
l'absent. Mais, dans certains cas, une telle aliénation
peut cependant devenir nécessaire.

L'absent a par exemple quelques dettes exigibles. Il
est nécessaire alors pour payer ces dettes et éviter les
poursuites de vendre un immeuble ou des meubles, par

exemple quelques tableaux de valeur. On peut supposer
de même que de grosses réparations sont indispensables
pour la conservation d'un immeuble de l'absent, et que
ce dernier n'a pas laissé de capitaux pour les effectuer.
Dans tous ces cas, l'envoyé en possession provisoire devra s'adresser au Tribunal qui autorisera la vente d'une
partie des meubles et même des immeubles en déterminant les formes dans lesquelles elle aura lieu. Les intérêts de l'absent seront ainsi sauvegardés par la décision du Tribunal, et l'envoyé en possession provisoire
qui aura ainsi vendu des meubles corporels ou des immeubles ne pourra se voir ensuite reprocher cette aliénation par l'absent de retour. La solution que nous
venons de donner résulte d'ailleurs de l'article 2126 qui
permet à la justice d'autoriser les envoyés à hypothéquer les biens de l'absent. Il faut donc leur permettre
de les aliéner, car la vente n'est pas plus dangereuse que
la constitution d'hypothèque qui peut entraîner l'expro-
priation forcée. Nous allons le constater.

2° *Hypothéquer.* — A côté de l'aliénation directe dont
je viens de parler, il y a l'aliénation indirecte ; l'hypothèque en effet n'est qu'une aliénation déguisée. Il était
inutile, je crois, que le législateur s'expliquât sur ce
point. Il l'a fait cependant dans l'article 2126 en défen-
dant expressément aux envoyés en possession de consentir hypothèque sur les biens de l'absent, si ce n'est en
vertu de jugement. Par conséquent si les envoyés esti-

ment un emprunt hypothécaire nécessaire, ils devront s'adresser à la justice et lui demander son autorisation.

Je suppose que malgré cette défense l'envoyé provisoire ait hypothéqué un immeuble appartenant à l'absent, quelle sera la valeur de cette hypothèque ?

Il faut assimiler complètement ce cas à celui de la vente. La constitution d'hypothèque est donc atteinte d'une nullité relative. L'envoyé avait des droits sur l'immeuble subordonnés à la condition résolutoire du retour de l'absent. Dans la limite de ces droits, il a pu consentir une hypothèque.

3° *Transiger*. — La transaction comme l'hypothèque est une aliénation déguisée. Aussi l'article 2045 déclare-t-il avec raison que « pour transiger il faut avoir la capacité de disposer des objets compris dans la transaction ». Tout le monde s'accorde à dire que l'envoyé provisoire ne pourra transiger seul. Mais le Tribunal pourra-t-il l'autoriser à passer cette transaction ? Sur ce point les auteurs ne sont pas d'accord. Demolombe répond affirmativement dans les termes suivants : « On doit toujours rechercher l'intérêt de l'absent ; or il peut quelquefois trouver un très grand avantage à voir les envoyés provisoires transiger plutôt que de plaider contre l'évidence pour se faire ensuite condamner aux frais ». Demolombe applique alors par analogie l'article 467 du Code civil.

Je crois qu'il est bien difficile de faire ici application

de l'article 467. En effet le législateur n'autorise le tuteur à transiger qu'après avoir obtenu l'assentiment du conseil de famille, l'avis favorable de trois jurisconsultes et l'autorisation du Tribunal.

Il entoure la transaction de précautions et de difficultés, montrant ainsi en quelle défaveur il tient cette opération. Certainement, à mon avis, il a voulu restreindre l'application de l'article 467 à la tutelle. Je reconnais bien que si les envoyés pouvaient transiger, l'absent pourrait quelquefois en retirer un grand profit, mais encore une fois la loi ne le permet pas. *Dura lex, sed lex.*

4° *Acquiescer*. — L'acquiescement à une demande est la reconnaissance d'un droit contesté jusque là. C'est donc une aliénation particulière, interdite comme telle aux envoyés en possession.

5° *Compromettre*. — Le compromis est une convention par laquelle les parties confient le soin de résoudre le litige à des juges de leur choix appelés *arbitres*. Cet acte nous semble interdit également aux envoyés en possession provisoire. Cette solution résulte de l'article 1003 du Code de procédure civile, d'après lequel pour compromettre sur un droit, il faut en avoir la libre disposition.

6° *Accepter ou répudier une succession*. — On s'est demandé si un envoyé provisoire pouvait accepter ou répudier une succession. Accepter une succession obérée ou répudier une succession bonne, succession échue à l'absent avant sa disparition ou ses dernières nouvelles, c'est évidemment disposer d'une partie de la fortune de l'absent à titre définitif. Un tel acte ne peut être permis, ce n'est en effet autre chose qu'une aliénation déguisée.

7° *Emprunts.* — L'envoyé peut-il emprunter? On reconnaît que l'envoyé provisoire peut emprunter sans autorisation, toutes les fois que cet emprunt peut être considéré comme un acte d'administration.

Mais, dans cette seule limite, l'emprunt pourra être contracté par l'envoyé provisoire. On peut donc dire que, en principe, l'envoyé provisoire ne peut emprunter au nom de l'absent, et ce par cette raison que l'emprunt conduit fatalement à une aliénation indirecte des biens de l'absent.

Si donc l'envoyé provisoire se voit dans la nécessité de contracter un emprunt pour édifier des constructions nouvelles, d'une utilité incontestable, relever des bâtiments tombés en ruine, il devra s'adresser au Tribunal pour obtenir l'autorisation.

Le Tribunal peut autoriser l'emprunt, puisqu'il peut, en vertu de l'article 2126, autoriser l'hypothèque qui garantira cet emprunt.

CHAPITRE III

OBLIGATIONS DES ENVOYÉS EN POSSESSION PROVISOIRE.

§ 1. — *En cas de retour de l'absent.*

Je suppose que l'absent revienne après la déclaration d'absence prononcée. Le premier devoir des envoyés en possession provisoire est de lui restituer les biens qu'ils détiennent et dont ils sont comptables envers lui. Mais ces biens ont pu subir une dépréciation considérable, et cette dépréciation peut résulter d'une mauvaise administration. Dans ce cas les envoyés en possession provisoire seront responsables vis-à-vis de l'absent. Mais en quoi consiste exactement cette responsabilité, autrement dit, de quelle faute sont tenus les envoyés en possession provisoire ?

On distingue généralement en droit, et ce, après Pothier, trois degrés de fautes :

1° La faute lourde, qui est une négligence impardonnable (*culpa lata*) ;

2° La faute légère, celle que ne commet pas un bon administrateur, un *diligens paterfamilias* (*culpa levis*). Elle peut être appréciée *in concreto*, lorsqu'on tient compte des habitudes du débiteur ; c'est la faute qu'il ne commet pas dans la gestion de ses propres affaires. Tantôt, au contraire, la *culpa levis* peut être appréciée *in abstracto*, par comparaison avec un administrateur idéal ;

3° La faute très légère, celle que ne commet pas un administrateur d'une diligence exceptionnelle (*culpa levissima*).

J'estime qu'il faut rendre les envoyés en possession provisoire responsables non seulement des fautes lourdes, mais encore des fautes légères.

Il importe de ne pas assimiler les envoyés en possession provisoire à des héritiers bénéficiaires pour réduire leur responsabilité à la faute grave , conformément à l'article 804. L'héritier bénéficiaire, en effet, administre dans son propre intérêt. De plus, il est propriétaire des biens dont il a la gestion. L'envoyé, au contraire, détient et administre pour le compte de l'absent. En outre, l'envoi en possession est facultatif et salarié. Aussi il ne serait point équitable de rendre les envoyés responsables simplement de leur faute lourde. Ils ont accepté librement, ils ont même demandé l'envoi en possession. Enfin ils sont très largement rémunérés des embarras que leur cause l'administration des biens de l'absent.

D'autre part, comme l'envoi en possession est prononcé dans l'intérêt commun des envoyés et de l'absent, il serait trop rigoureux de rendre les envoyés responsables de la faute très légère. Il convient donc de ne pas exiger de leur part plus de soins, dans la gestion des biens de l'absent, qu'un père de famille d'une prudence ordinaire n'en apporte dans la gestion de ses biens personnels.

Les principes généraux conduisent à la même solution. On peut invoquer en ce sens l'article 1137 du Code civil, d'après lequel tout débiteur d'une chose est tenu d'apporter à sa conservation tous les soins d'un bon père de famille. De plus les envoyés sont en quelque sorte des mandataires de l'absent, désignés par la loi. Dès lors on peut leur appliquer l'article 1992 du Code civil, d'autant plus qu'il s'agit de mandaires salariés. En résumé, l'absent pourra demander compte à un envoyé en possession provisoire de sa faute légère considérée *in abstracto* et à plus forte raison de sa faute lourde.

Ainsi nous n'assimilons pas les envoyés en possession provisoire à des dépositaires, tenus, aux termes de l'article 1927, de leur faute légère *in concreto*, c'est-à-dire obligés d'apporter dans la gestion des biens du déposant les mêmes soins que dans la garde de leurs biens propres. La responsabilité de l'envoyé doit être appréciée plus sévèrement que celle du dépositaire, car le dépôt est gratuit et de plus le déposant prend l'initiative du dépôt. La situation est toute différente dans notre matière. Enfin nous avons montré que les envoyés ne sont pas de véritables dépositaires.

L'absent de retour non seulement a le droit de demander aux envoyés provisoires la restitution de ses biens, mais encore il peut demander partie des revenus produits par ces mêmes biens. Le quantum de ces restitutions varie avec la longueur de l'absence.

Pendant la période de présomption d'absence, les fruits sont capitalisés intégralement pour être restitués en même temps que les biens, lors du retour de l'absent.

Si l'absent ne revient qu'après la déclaration d'absence prononcée, l'article 127 nous dit : « les envoyés ne seront tenus de lui rendre que le cinquième des revenus, s'il reparaît avant 15 ans révolus depuis le jour de sa disparition ; et le dixième s'il ne reparaît qu'après les 15 ans. Après 30 ans la totalité des revenus leur appartiendra.

Pour faire bien comprendre le sens de cet article 127, je prends une espèce. Je suppose que Primus a disparu le 1er janvier 1870. Le 1er janvier 1880 Secundus a demandé l'envoi en possession après avoir fait déclarer l'absence. Le 1er janvier 1890, Primus revient. Au jour du retour, 20 ans se sont écoulés depuis la disparition. L'absent réclamera l'intégralité des revenus capitalisés de 1870 à 1880, c'est-à-dire pendant la période de présomption d'absence. Il réclamera ensuite 1/10 des fruits produits par ses biens de 1880 à 1890, c'est-à-dire pendant la période de déclaration d'absence.

Il est facile de saisir le motif qui a déterminé le législateur à attribuer à l'envoyé provisoire un tel droit. L'héritier présomptif de l'absent était tout désigné pour administrer les biens de ce dernier. Mais l'éventualité seule de conserver ces biens n'eût pas été peut-être une cause suffisante pour que l'héritier se chargeât de l'administration. En dehors des ennuis de toute nature qui peuvent naître d'une telle gestion, la responsabilité encourue vis-à-vis de l'absent en cas de retour aurait pu l'effrayer. Le législateur a organisé un salaire et un salaire très rémunérateur. Cette retenue, sur les fruits, édictée par l'article 127, n'est autre qu'un salaire. Voilà pourquoi pendant la présomption d'absence les personnes qui plus tard demandent l'envoi en possession ne peuvent rien réclamer. Si le salaire est plus élevé 15 ans après la disparition, c'est que il eût été pénible, souvent même difficile, à l'envoyé provisoire de représenter une somme de revenus devenue assez considérable. De plus la plupart du temps l'envoyé aura été bien tenté de dépenser ces revenus, d'autant mieux qu'il comptait peu sur le retour de l'absent : *lautius vixit*.

Cette façon d'envisager la retenue permise aux envoyés provisoires par l'article 127 nous permettra de résoudre facilement certaines questions qui se posent.

Je suppose que l'envoyé provisoire ait voulu exploiter lui-même une propriété appartenant à l'absent. Il a labouré, fumé, ensemencé. Il allait récolter lorsque l'absent est revenu. Appliquera-t-on à la lettre l'article 132 et permettra-t-on à l'absent de reprendre sa propriété « en l'état où il la trouve » ? La même question peut se poser, s'il s'agit de fruits civils : l'envoyé provisoire a loué une ferme appartenant à l'absent, ou bien il a placé des fonds. L'absent reparaît le jour de l'échéance. Touchera-t-il le fermage ou la rente ?

Quant aux fruits naturels, en notre espèce, si l'envoyé provisoire qui a préparé la récolte ne pouvait en bénéficier, il serait lésé. Or jamais il ne doit l'être. Toute peine mérite salaire. L'envoyé a eu des ennuis et des charges. Il ne serait pas juste qu'il se vît tout à coup privé d'une récompense légitime. Les fruits sont le salaire de ses soins et de ses peines. Ils lui sont accordés *pro cura et cultura*. Nous avons dit que tel était le motif qui expliquait l'article 127. Comment, dès lors, faire dépendre le droit aux fruits qui appartient aux envoyés, de cette circonstance toute fortuite et accidentelle que le retour de l'absent s'est produit la veille ou le jour même de la récolte ! Le législateur, en déclarant dans l'article 132 que l'absent doit retrouver ses biens dans l'état où ils se trouvent, a simplement voulu écarter ses réclamations et restreindre ses droits.

On devra donc, à mon avis, appliquer ici par analogie l'article 1571 du Code civil, relatif au régime dotal. Par conséquent, il faudra diviser la récolte sur pied au moment du retour de l'absent entre ce dernier et l'envoyé, en proportion du temps qu'a duré l'envoi en possession pendant la dernière année. Cette division faite, on fera la répartition de l'article 127. Sur la part de fruits attribués à l'envoyé on prélèvera le cinquième ou le dixième, suivant les cas, pour l'attribuer à l'absent (1).

Quant aux fruits civils, pour les mêmes raisons, je ne permettrai pas à l'absent de dépouiller complètement l'envoyé provisoire en touchant le montant intégral de la rente ou du fermage. Du reste, l'article 586, au titre de l'usufruit, doit s'appliquer ici par analogie. Il vient m'apporter un nouvel et puissant argument. Aux termes de cette disposition, les fruits civils s'acquièrent jour par jour, et appartiennent à l'usufruitier en proportion du temps pendant lequel son usufruit a duré. Aussi les partisans du système contraire à celui que j'expose, comme M. Demolombe (2), se trouvent ici fort embarrassés.

Jusqu'ici j'ai examiné les cas où l'absent revenait après une disparition remontant à 10, 15 ou 20 ans. Mais supposons que l'absent ne revient que trente ans au moins après sa disparition. A quoi auront droit les envoyés provisoires ? En d'autres termes quelle est la portée de l'article 127, *in fine*. « Après trente ans d'absence la totalité des revenus appartiendra aux envoyés ? »

On ne s'entend pas sur le sens que le législateur a voulu donner au mot absence. Est-ce le jour de la disparition ? est-ce le jour de la déclaration d'absence ? voilà la question.

(1) Duranton, t. 1, n° 498. — *Contrà*, Demolombe, *Traité de l'absence*, n°ˢ 121 et suiv.
(2) V. la note qui précède.

Certains disent : le législateur a voulu établir ici une antithèse dans l'article 127 entre les mots *disparition* et *absence* et alors le mot absence ne peut signifier que déclaration d'absence. D'ailleurs, ajoute-t-on, 30 ans seulement après l'absence déclarée, les envoyés provisoires cessent d'être comptables en vertu de l'article 129, et le législateur a voulu évidemment conserver à l'absent, jusqu'à cette époque, une partie des fruits provenant de ses biens.

Je crois avec la plupart des auteurs, avec Demolombe notamment, que le législateur a simplement voulu éviter la répétition du mot *disparition*. Il n'a nullement voulu faire d'antithèse. Du reste, pour ceux qui prétendent qu'ici le mot *absence* est synonyme de *déclaration d'absence*, l'article 127 ne signifie plus rien. L'article 129, en effet, autorise les envoyés provisoires à demander l'envoi en possession définitif 30 ans après la disparition et cet envoi définitif les décharge de tous comptes, quant aux revenus des biens vis-à-vis de l'absent.

L'envoyé provisoire a pu faire un certain nombre de dépenses afférentes aux biens de l'absent. Il a pu faire des dépenses utiles, des dépenses d'amélioration, des dépenses voluptuaires. L'absent devra-t-il compte à l'envoyé de ces diverses dépenses ?

En ce qui concerne les dépenses utiles, il faut distinguer. Pour les petites réparations, elles seront évidemment supportées par l'envoyé provisoire qui bénéficiant des revenus doit les affecter, comme un bon usufruitier, à l'entretien de la chose d'autrui. Quant aux grosses réparations, elles sont supportées entièrement par l'absent ; c'est-à-dire que si celui-ci a laissé des fonds, ces fonds peuvent être affectés à ces grosses réparations. S'il n'y a pas de fonds, l'envoyé pourra se faire autoriser à vendre partie des biens ou à hypothéquer partie des biens en garantie d'un emprunt qui servira à faire face à ces grosses réparations.

Restent les dépenses d'amélioration. Très souvent l'envoyé provisoire essaiera de faire fructifier les biens qui lui sont confiés. Il essaiera de les améliorer dans la conviction de les conserver irrévocablement. Dans ce cas, il aura droit évidemment à une indemnité. Mais cette indemnité, comment sera-t-elle calculée ? Devra-t-on assimiler complètement notre envoyé provisoire à un possesseur de bonne foi ? Ainsi l'envoyé provisoire a drainé un terrain qu'un excès d'humidité rendait impropre à la culture. Ou bien il a fait des plantations nouvel les, des constructions nouvelles. Devra-t-on appliquer purement et simplement l'article 555 du Code civil et dire : « l'absent aura le choix ou de rembourser la valeur des matériaux et du prix de la main d'œuvre, ou de rembourser une somme égale à celle dont le fonds a augmenté de valeur » ? Je crois qu'en l'espèce il faut aller beaucoup plus loin et ne pas se contenter d'assimiler l'envoyé provisoire au possesseur de bonne foi ordinaire.

L'envoyé est un mandataire. Il sait très bien que ces biens qu'il administre ne sont pas à lui. Il sait très bien qu'il aura des comptes à rendre à l'absent, si celui-ci revient. Je crois donc qu'il est préférable de faire ici application de l'article 1999 relatif au mandat et dire que l'absent : « ne pourra se dispenser de faire tous remboursement et paiement, lors même que l'affaire n'aurait pas réussi, ni faire réduire le montant des frais et avances sous le prétexte qu'ils pouvaient être moindres ».

Pour obtenir le remboursement de ces sommes, on reconnaît aux envoyés provisoires un droit de rétention qui leur est conféré par les articles 1948 et 125.

Quant aux dépenses voluptuaires, on ne peut raisonnablement pas autoriser l'envoyé à en demander le remboursement. Pourquoi, en effet, a-t-il consenti de telles dépenses ? il savait n'être pas propriétaire irrévocable du fonds. On lui appliquera forcément les dispositions finales de l'article 599 par analogie, et l'on dira : « Il pourra simplement enlever les glaces, tableaux et autres ornements qu'il aura fait placer, mais à la charge de rétablir les lieux dans leur premier état ».

§ II. — *En cas de nouvelles de l'absent.*

J'ai supposé tout à l'heure que l'absent avait réintégré son domicile et avait réclamé lui-même aux envoyés provisoires ses biens. Je suppose maintenant que l'absent est toujours éloigné de son domicile ou du lieu où sont ses intérêts. Mais on vient apporter la nouvelle de son existence. Une lettre, des journaux, des amis, peuvent apporter la preuve de l'existence de l'absent. Que devient alors le jugement de déclaration d'absence ? « Ce jugement, dit Plasman (t. I, p. 115), qui n'avait d'autre base que l'incertitude qui régnait sur la vie ou la mort de l'absent, doit tomber forcément, dès qu'on a reconnu la preuve de l'existence de l'absent ». On revient alors à la présomption d'absence, nous dit l'article 131. Un nouveau jugement de déclaration d'absence ne pourra être prononcé que 4 ans après ces dernières nouvelles reçues. Pour prononcer ce nouveau jugement d'absence, il faudra à nouveau observer toutes les conditions requises à cet effet, enquête, publicité du jugement, etc.

Dans ce cas, il peut arriver que les envoyés provisoires primitifs ne soient plus admis à réclamer à nouveau l'envoi provisoire, parce que au moment des dernières nouvelles ils ne se trouvaient plus les héritiers présomptifs de l'absent. Il est intéressant d'examiner le quantum et le mode des restitutions qu'ils ont à faire aux nouveaux envoyés provisoires.

Supposons donc que l'existence de l'absent vienne à être prouvée postérieurement à l'envoi en possession demandé et obtenu par Primus. A ce moment ce n'est plus Primus qui est héritier présomptif, c'est Secundus. Ce dernier s'adresse aux tribunaux et obtient à son tour l'envoi en possession. Que devra exactement restituer Primus à Secundus ?

Il devra évidemment restituer les biens en l'état où ils sont. Quant aux fruits, les avis sont partagés. Selon les uns, il doit garder ou restituer tous les fruits perçus suivant qu'il est de bonne ou de mauvaise foi. Selon les autres, il doit conserver tous les fruits perçus, sauf ceux dont il aurait été comptable envers l'absent.

Examinons ces deux opinions.

1re *opinion*. — L'envoyé provisoire ne doit restituer aucun fruit, s'il est de bonne foi. L'envoyé provisoire, dans ce cas, doit être considéré comme un possesseur de bonne ou de mauvaise foi. S'il est de bonne foi, il con-servera les fruits provenant des biens de l'absent, confor-mément à l'article 549. S'il est de mauvaise foi, il doit restituer l'intégralité des fruits perçus. Dans l'arti-cle 127, ajoute-t-on, lorsque le législateur a fixé la quotité des fruits que les envoyés pourraient retenir, il n'a songé absolument qu'aux rapports des envoyés provisoires avec l'absent lui-même. Nullement il n'a voulu prévoir par cet article, les restitutions à faire par un envoyé déchu de son droit, à un autre envoyé ayant un titre préférable. Il faut donc appliquer ici le droit commun contenu dans les dispositions relatives à la possession de bonne foi et dire que l'envoyé provisoire, de bonne foi, n'aura aucune restitution à faire.

2e *opinion*. — D'après d'autres auteurs, l'envoyé en possession provisoire doit restituer les fruits dont il aurait été comptable envers l'absent. L'article 127 est applicable à notre espèce et le législateur n'a pas voulu le restreindre aux seuls rapports de l'absent et des envoyés provisoires. Celui qui le premier a obtenu l'envoi provisoire, n'a pas pu disposer de la totalité des fruits. Il a dû, aux termes de l'article 127, en conserver une partie pour la restituer à l'absent en cas de retour. Cette restitution était garantie par une caution. Or, cette caution est tombée le jour où un autre héritier ayant un titre préférable a obtenu l'envoi en possession aux lieu et place du premier. Si le premier envoyé pouvait conserver par devers lui les fruits restituables, l'absent privé de garantie serait fort exposé à se voir lésé. Le législateur, dans l'article 127, a fait deux parts des fruits de l'absent. Il a donné à l'envoyé provisoire une part très forte à titre de salaire et de rémunération. Quant à l'autre part, il a voulu qu'elle fût capitalisée au nom de l'absent, et que sa restitution fût bien garantie. L'envoyé provisoire évincé n'a aucun titre pour retenir cette portion des fruits. Au contraire, le nouvel envoyé en possession pourra tout naturellement, comme ayant cause de l'absent, réclamer ce capital, en même temps que l'ensemble des biens.

Lorsqu'une personne voudra obtenir l'envoi en possession, aux lieu et place d'une autre déjà nantie, elle intentera une espèce de pétition d'hérédité qu'il serait plus juste de qualifier « pétition de la possession de l'hé-

rédité. » Il y aura lieu d'appliquer ici toutes les règles de
la pétition d'hérédité, notamment celles sur la prescription (sauf certaines modifications relatives aux descendants de l'absent sur lesquelles je m'expliquerai ulté-
rieurement).

§ III. — *Le décès de l'absent est prouvé.*

L'article 130 nous dit : « La succession de l'absent
sera ouverte du jour de son décès prouvé, au profit des
héritiers les plus proches à cette époque ; et ceux qui
auraient joui des biens de l'absent seront tenus de les
restituer, sous la réserve des fruits par eux acquis en
vertu de l'article 127 ».

Ce texte suppose que les personnes qui ont obtenu
l'envoi en possession provisoire ou définitif ne sont plus
les héritiers de l'absent au moment où le décès de ce
dernier est établi. La loi nous dit alors que les envoyés
devront restituer aux véritables héritiers de l'absent
les biens de ce dernier qu'ils détiennent.

De nombreuses discussions se sont élevées sur l'interprétation de l'article 130. Supposons d'abord que la
preuve du décès est apportée après l'envoi définitif prononcé. Les envoyés définitifs pourront-ils être évincés ?
Je mets tout d'abord en dehors de la discussion les enfants et descendants directs de l'absent, puisque aux termes de l'article 133, ils peuvent, dans les trente ans à

compter de l'envoi définitif, demander la restitution des biens de l'absent. Je suppose donc un héritier quelconque, mais autre qu'un descendant direct de l'absent, pourra-t-il être évincé?

1º Dans une première opinion, on répond négativement :

Le législateur, dit-on, a spécifié nettement les personnes qui pouvaient demander la restitution des biens. L'article 132 porte en effet : l'absent, après l'envoi définitif, recouvrera ses biens dans l'état où ils se trouveront. D'autre part, d'après l'article 133, les descendants directs de l'absent pourront également, dans les trente ans à compter de l'envoi définitif, demander la restitution. Donc seuls l'absent et ses descendants directs pourront évincer des envoyés définitifs. Le projet primitif du Code ne laissait aucun doute sur ce point. On ajoute que l'article 130 ne contredit pas cette opinion, car cet article par ses termes et sa place ne s'applique qu'à la période de l'envoi provisoire. Par ses termes l'article 130 n'accorde, en effet, la restitution aux héritiers que sous la réserve des fruits par eux acquis en vertu de l'article 127. Or, après l'envoi définitif la totalité des revenus appartient aux envoyés. Par sa place, l'article 130 fait antithèse à l'article 131. Dans le premier, le législateur suppose prouvé le décès de l'absent ; dans le second, il suppose prouvée son existence. Or, dans l'article 131 il n'y a pas de doute, le législateur admet que la preuve de l'existence est apportée *pendant l'envoi provisoire*. Donc, lorsque une ou plusieurs personnes ont obtenu l'envoi en possession définitif, elles ne peuvent plus être évincées que par l'absent ou par ses descendants directs.

Nous croyons, au contraire, qu'il faut admettre la solution contraire. Ceux qui ont obtenu l'envoi en possession définitif pourront être évincés par tous héritiers qui, au moment du décès prouvé de l'absent, auront des droits préférables. Pour résoudre cette question, en effet, il faut rechercher quel est le droit commun en matière de succession, et voir ensuite, si en notre espèce, une dérogation a été apportée. D'après le droit commun, il faut se reporter au jour du décès pour connaître les héritiers du *de cujus*, et ces héritiers auront trente ans, aux termes de l'article 2262, pour exercer leur action en pétition d'hérédité. L'article 130 vient simplement rappeler la règle générale, en déclarant que la succession de l'absent sera ouverte du jour de son décès prouvé et au profit des héritiers les plus proches à cette époque.

Il faut remarquer, en second lieu, la généralité des termes de l'article 130. Le législateur ne se place point dans l'hypothèse spéciale de la période d'envoi en possession provisoire. Il statue d'une façon générale. Ce serait même plutôt la période d'envoi en possession définitif que semblerait prévoir rigoureusement l'article 130, parce que ce texte vient en effet après l'article 129 qui réglemente l'envoi en possession définitif. Mais la vérité, c'est que l'article 130 est général. Cet argument a d'autant plus de force que la rédaction primitive de notre texte excluait l'exercice de l'action après l'envoi définitif. Le texte du projet primitif portait les mots *pendant l'envoi provisoire* après ceux-ci : *du jour de son décès prouvé*. On a fait disparaître les premiers mots de la rédaction définitive, ce qui nous révèle nettement l'intention du législateur.

Concluons donc que les véritables héritiers, dont le droit se trouve irrévocablement fixé par le décès de l'absent, auront trente ans à compter de ce moment pour intenter leur action en pétition d'hérédité, conformément au droit commun de l'article 2262. Ces trente ans courront, dis-je, à compter du décès de l'absent, parce que c'est à ce moment que le droit des héritiers naît. Or on ne peut admettre que la prescription puisse courir contre un droit qui n'est pas encore né, qui n'existe donc pas : *actioni non natæ non prescribitur*. La dernière opinion que nous venons d'exposer et qui est celle de Toullier, Demolombe et Aubry et Rau me paraît donc préférable à la première.

Je suppose maintenant que la preuve du décès est apportée pendant la période d'envoi en possession provisoire :

L'envoyé provisoire pourra-t-il invoquer la prescription pour conserver les biens, et si on admet la prescription, à partir de quel moment commencera-t-on à la faire courir ? Comme point de départ prendra-t-on le jour du décès ?

Primus a disparu le 1er janvier 1850. Le 1er janvier 1855 Secundus demande et obtient l'envoi en possession. Le 1er janvier 1855, avant que l'envoi en possession définitif ne fût demandé, on apprend que Primus est mort en 1851. Or si Secundus était héritier présomptif le 1er janvier 1850 il ne l'était plus en 1851 au jour du décès. On l'actionne en pétition d'hérédité ; peut-il opposer la prescription ?

D'abord, il n'a pu prescrire de 1850 à 1855 puisqu'il ne possédait pas. *Quid* de 1855 à 1885 ? Les avis sont partagés. D'après un premier système l'envoyé provisoire n'a pu prescrire. Pour prescrire il faut posséder *animo domini* (art. 2229). Car l'envoyé provisoire se considérait et ne pouvait se considérer que comme dépositaire en vertu de l'article 125 du Code civil. Il savait que les biens qu'il administrait n'étaient pas à lui. Il possédait pour autrui, et tombait par conséquent sous l'application de l'article 2236. « Ceux qui possèdent pour autrui, ne prescrivent jamais par quelque laps de temps que ce soit ».

Mais si l'envoyé provisoire ne peut prescrire, c'est parce qu'il ne possédait pas à titre de propriétaire. Si donc il a connu le décès et a commencé à posséder lui-même à titre d'héritier, il est certain qu'il a pu commencer à prescrire.

Une seconde opinion, soutenue par Demolombe, veut que l'action en pétition d'hérédité doive toujours être prescrite par trente ans à compter du décès. Il n'est pas juste de dire que l'envoyé provisoire possède à titre précaire. Il possède, à beaucoup d'égards, *animo domini*, puisqu'il espère toujours conserver et s'approprier les biens de l'absent. Peu importe qu'il soit obligé de donner caution pour assurer la restitution. L'enfant naturel, le conjoint, qui héritent faute de parents en vertu des articles 771 et 773 sont obligés aussi de donner caution quoiqu'ils se considèrent comme propriétaires.

Une troisième opinion a été également soutenue. On a prétendu que la prescription pouvait avoir comme point de départ l'envoi définitif. On dit que l'envoyé provisoire ne peut prescrire parce qu'il n'a qu'une possession précaire. Mais l'envoyé définitif, se comportant comme un véritable propriétaire, peut prescrire.

Cette troisième opinion est difficile à admettre, car on est forcé de méconnaître l'article 2240 qui dit que « l'on ne peut se changer à soi-même la cause et le principe de sa possession ». Comme c'est l'envoyé lui-même qui réclame l'envoi définitif, ce serait donc lui qui intervertirait son titre.

Quant à la seconde opinion, qui est celle de Demolombe, elle a de grands avantages pratiques. Elle permet de ne pas laisser trop longtemps dans l'incertitude la propriété des biens. Au point de vue de l'intérêt général, il est bon qu'on sache toujours qui est exactement propriétaire de tel ou tel bien ; le législateur a précisément inventé la prescription pour ne pas laisser planer trop longtemps l'incertitude. Si, au point de vue pratique, l'opinion de Demolombe est préférable, je crois cependant l'autre plus juridique. Il faut bien reconnaître un fait indiscutable : c'est que l'envoyé provisoire n'est pas propriétaire exclusif. Il est administrateur de biens appartenant à autrui. Il est mandataire et il doit toujours être prêt à rendre des comptes à l'absent de retour. En un mot il est détenteur précaire, et en cette qualité, je lui refuse le droit de prescrire jusqu'au jour où, apprenant la mort de l'absent, il possède alors pour lui, *animo domini*.

§ IV. — *On n'a pas de nouvelles de l'absent.*

ART. 133 : « Les enfants et descendants directs de l'absent pourront également, dans les 30 ans, à compter de l'envoi définitif, demander la restitution de ses biens, comme il est dit en l'article précédent ».

Dans l'article 133, il ne faut pas supposer que l'on a apporté la preuve du décès ou de l'existence de l'absent. Il faut supposer, pour bien comprendre l'avantage accordé aux enfants, qu'aucune nouvelle de l'absent n'est parvenue.

Primus, envoyé provisoire depuis 30 ans déjà, demande en vertu de l'article 129 l'envoi en possession définitif.

Or voilà un descendant direct qui veut contester au collatéral, envoyé en possession, la possession même (car il ne s'agit pas de l'hérédité même, le décès n'étant pas démontré. Il ne s'agit que de la possession d'hérédité). Si l'article 133 n'existait pas, il faudrait appliquer le droit commun. Or, en droit commun, l'envoyé provisoire peut prescrire contre le parent qui, sans prouver le décès, soutient seulement qu'il était le plus proche héritier à l'époque des dernières nouvelles, et qu'il aurait dû obtenir l'envoi en possession. Ce sont là deux prétentions pareilles, deux droits de même nature, et l'un peut bien prescrire alors contre l'autre. Sauf le cas où cent ans sont révolus depuis la naissance de l'absent, l'envoyé provisoire a donc au moins 30 ans de possession lorsqu'il demande l'envoi définitif. Il pourrait donc opposer la prescription à tous ceux qui viendraient lui demander soit le partage de la possession, soit la possession totale, si l'article 133 n'apportait une exception en faveur des descendants directs.

Ce délai de trente ans à dater de l'envoi définitif, pendant lequel les enfants de l'absent peuvent agir, constitue une véritable prescription. Par suite, toutes les causes de suspension ou d'interruption de la prescription devront recevoir leur application. Notamment il y aura lieu à la suspension de la prescription au profit des enfants de l'absent, au cas où ils seront mineurs ou interdits (art. 2252, C. civ.).

On a soutenu, il est vrai, en sens contraire qu'il s'agit dans l'article 133 non pas d'une véritable prescription, mais d'une déchéance spéciale résultant de l'expiration d'un certain délai. Par suite, on ne pourrait pas parler ici de suspension de la prescription. Les enfants et descendants directs de l'absent seraient nécessairement déchus de leurs droits au bout de trente ans. Cette opinion se fonde sur l'article 2264 aux termes duquel : « Les règles de la prescription sur d'autres objets que ceux mentionnés dans le présent titre sont expliquées dans les titres qui leur sont propres ». Cet argument doit être écarté. L'article 2264, en effet, signifie simplement que le titre *De la prescription* n'abroge pas les règles particulières édictées par le législateur en dehors de ce titre pour quelques prescriptions spéciales. Ce qui prouve, du reste, qu'il s'agit bien dans l'article 133 d'une véritable prescription, c'est que le délai fixé est précisément celui qui forme le droit commun en matière de prescription (art. 2262).

CHAPITRE IV

DES EFFETS DE L'ABSENCE RELATIVEMENT AUX DROITS ÉVENTUELS QUI PEUVENT COMPÉTER A L'ABSENT.

Section I. — Dispositions générales.

Nous avons montré plus haut, au chapitre premier, que l'envoi en possession provisoire s'applique à tous les biens sur lesquels l'absent avait, à l'époque de sa disparition ou des dernières nouvelles, des droits acquis, purs et simples, à terme ou conditionnels. Il s'agit là, en effet, de biens entrés dans le patrimoine de l'absent.

Mais il importe de ne pas confondre ces droits *acquis* avec les droits simplement *éventuels* qui peuvent s'ouvrir au profit d'un absent. L'article 135 du Code civil prévoit justement cette dernière hypothèse. Le législateur dans l'article 135 et les suivants règle la dévolution de ces droits éventuels.

Il faut déterminer, tout d'abord, le sens et la portée de cette expression dans notre matière. Par droits éventuels, on doit entendre ici, avec M. Demolombe, « tous les droits futurs et incertains qui sont subordonnés à l'existence de l'individu appelé à les recueillir ». Ainsi, ce qui caractérise cette espèce de droits, c'est qu'ils sont conditionnels, et que, de plus, ils sont subordonnés à la condition toute spéciale de l'existence de leur titulaire au moment où ils s'ouvrent. Ainsi :

1° Pour succéder, il faut nécessairement exister au moment de l'ouverture de la succession (art. 725). Par conséquent le droit de succession est un droit éventuel.

2° De même pour recueillir un legs fait purement et simplement il faut, nous dit l'article 1039, être vivant au moment du décès du testateur ; sinon le legs serait caduc. Nouvel exemple de droit éventuel.

3° Si on suppose un legs fait sous condition, le bénéficiaire de la libéralité doit exister au moment de l'évènement de la condition (art. 1040). Ici encore, le droit résultant du legs sera donc éventuel.

4° Un donateur ne peut profiter du droit de retour stipulé à son profit que s'il survit au donataire (art. 951).

5° Le droit d'un appelé à une substitution permise est également éventuel, parce que, pour recueillir la substitution, l'appelé doit survivre au grevé.

6° Le donataire de biens à venir ou l'héritier contractuel ne peut réclamer le bénéfice de la libéralité faite à son profit qu'autant qu'il prouve la mort du donateur (art. 1089).

7° Enfin, quant au paiement d'une rente viagère, l'article 1983 nous dit que : « le propriétaire n'en peut demander les arrérages qu'en justifiant de son existence ou de celle de la personne sur la tête de laquelle elle a été constituée ». Le droit aux arrérages d'une rente viagère est donc manifestement un droit éventuel.

8° L'article 135 du Code civil pose la règle à suivre en notre matière. Il est ainsi conçu : « Quiconque réclamera un droit échu à un individu dont l'existence ne sera pas reconnue devra prouver que ledit individu existait quand le droit a été ouvert ; jusqu'à cette preuve il sera déclaré non recevable dans sa demande ».

Comme on le voit, la règle de l'article 135 n'est autre que le principe général formulé par la loi en matière de preuves : *onus probandi incumbit ei qui dicit* : tout demandeur en justice doit établir le bien fondé de sa réclamation. On ne fait ici que l'application du droit commun. Par conséquent, celui qui réclame un droit éventuel du chef d'un individu doit prouver l'existence de ce dernier lors de l'ouverture du droit.

Ainsi, lorsqu'on veut recueillir une succession ouverte au profit d'une personne ou un legs pur et simple fait à cette personne, il faut prouver l'existence de celle-ci au moment de l'ouverture de la succession. De même, veut-on au nom d'un donateur avec clause de retour réclamer le bien donné alors que le donataire est décédé ? On doit établir l'existence du donateur à ce moment. Prétendez-vous recevoir les arrérages d'une rente viagère, au nom du titulaire du droit ? Vous devez prouver que celui-ci est vivant à l'époque de l'échéance.

Dès lors, il est bien évident qu'en matière d'absence une telle preuve sera impossible. Du moment qu'un individu est en état d'absence, c'est que l'on ignore s'il est mort ou vivant. Il y a incertitude sur son sort. Par suite celui qui prétendra recueillir un droit éventuel au nom d'un absent sera déclaré non recevable en sa demande.

L'article 136 fait l'application de ces principes aux successions. Une succession s'ouvre, l'absent n'est pas là pour la recueillir et se porter héritier. Nul ne pouvant prouver l'existence de l'absent au moment du décès, personne ne pourra réclamer la part de l'absent. Aussi la loi décide alors que l'hérédité « *sera dévolue exclusivement à ceux avec lesquels l'absent aurait eu le droit de concourir ou à ceux qui l'auraient recueillie à son défaut* ».

Lorsqu'il s'agit de droits éventuels, le législateur considère donc l'absent comme n'existant pas, comme décédé. Il attribue ces droits à ceux qui sont appelés concurremment avec l'absent, ou même simplement à défaut de celui-ci.

Ces personnes n'ont aucune preuve à faire. Ce sont, en effet, ceux qui agissent au nom de l'absent qui sont demandeurs. S'ils n'établissent pas l'existence de l'absent, la loi les écarte pour appeler les héritiers présents (1). Ainsi, lorsque deux personnes sont appelées à

_____

(1) Laurent, t. 1, n° 255 ; et les arrêts cités dans Dalloz, Répertoire, v° *Absence*, n°ˢ 504 et suivants, notamment Rouen, 30 mai 1818, et Paris, 6 janvier 1844.

une succession et que l'une d'elles est en état d'absence, les créanciers du cohéritier présent peuvent parfaitement saisir et faire vendre la portion de l'absent, sans être obligés de prouver que l'absent était réellement décédé.

Le principe formulé par les articles 135 et 136 est général. Il ne faut pas limiter son application à l'hypothèse spécialement prévue par l'article 136, c'est-à-dire au cas où une succession s'ouvre au profit de l'absent. La loi statue ici *de eo quod plerumque fit*, elle prévoit l'hypothèse qui est susceptible de se présenter le plus souvent. Mais la règle est générale et s'étend à tous les cas où le sort d'un litige dépend de l'existence d'un absent. La jurisprudence a eu l'occasion de donner cette solution en décidant que, dans une succession, pour calculer le montant de la réserve et de la quotité disponible, on ne doit pas tenir compte des héritiers réservataires en état d'absence (1). On ne peut permettre à une personne de prendre part à la réserve, qui est une partie de la succession, alors que l'existence de cette personne est incertaine.

Beaucoup de difficultés se sont élevées et s'élèvent encore aujourd'hui sur l'interprétation de la disposition de l'article 136. Ainsi on se demandait jadis avec hésitation si l'on pouvait être admis à succéder par représen-

____

(1) Toulouse, 1ᵉʳ mai 1823 ; Cass., 23 mars 1841, aff. Bessières-Bastide, S. 41,1,320 ; Laurent, t. 2, n° 254.

tation aux lieu et place d'un absent, lorsque son existence n'était pas reconnue. La controverse est aujourd'hui beaucoup moins vive ; la doctrine et la jurisprudence se prononcent très généralement pour l'affirmative. Voici l'espèce :

Primus meurt laissant deux fils : l'un Secundus qui est présent, l'autre Tertius dont l'existence n'est pas certaine, mais qui a lui-même des enfants présents.

Dans cette hypothèse, Proudhon a soutenu que la succession entière devait être attribuée à Secundus, le fils présent à l'exclusion des petits-enfants, fils de Tertius. L'article 136, nous dit Proudhon, attribue les biens exclusivement à ceux avec lesquels l'absent aurait eu le droit de concourir ; — or, en l'espèce, c'est avec Secundus que Tertius serait venu en concours. — L'article 136, en ajoutant les mots : « ou à ceux qui l'auraient recueillie à son défaut », prévoit le cas où aucune personne n'aurait été appelée à concourir avec l'absent. Ce serait le cas où Primus serait mort, ne laissant qu'un fils absent et des petits-fils. — En notre espèce donc, continue Proudhon, les enfants de Tertius ne pourront invoquer l'article 136 qui ne leur est point applicable. Ils ne pourront invoquer *le droit de transmission*, parce qu'ils devraient prouver que leur père vivait au moment de l'ouverture de la succession. D'autre part, ils ne pourront invoquer *le droit de représentation*, parce qu'ils devraient établir que leur père était décédé avant l'ouverture de la succession. On ne représente que ceux qui sont prédécédés. Conclusion de Proudhon : Secundus qui est présent s'emparera, en se basant sur l'article 136, de l'intégralité de la succession.

Proudhon n'est pas seul à donner une telle interprétation à l'article 136. Telle est encore l'opinion de Locré sur l'article 136 et de M. de Plasman. Néanmoins je crois qu'il faut repousser sans hésitation cette doctrine, avec les auteurs les plus récents et nos tribunaux qui n'ont jamais voulu admettre une telle interprétation.

Certainement le législateur n'a pas voulu commettre une semblable iniquité, et dépouiller les petits-enfants au profit de leur oncle. Il est inexact de dire, comme le fait M. de Plasman, qu'on ne peut interpréter autrement les dispositions de l'article 136 et qu'une révision s'impose.

La pensée du législateur est très claire. Il a voulu que les biens de l'absent fussent recueillis par ceux-là qui y auraient été appelés en cas de décès prouvé. Comme nous l'avons montré un peu plus haut, lorsqu'il s'agit de droits éventuels, s'ouvrant au profit d'un absent, la loi considère ce dernier comme décédé, comme n'existant pas, il est ici présumé mort. Dès lors les petits-enfants peuvent venir par représentation. Ils n'ont point à prouver la mort de leur père ; ils n'ont qu'à s'appuyer sur la présomption de mort établie par l'article 136 dans notre hypothèse spéciale.

De plus, les enfants de l'absent peuvent se prévaloir du dilemme suivant et dire à leur oncle qui prétend les évincer : De deux choses l'une ; ou bien notre père était vivant au jour de l'ouverture de la succession, ou bien il était décédé. Il n'y a pas d'autre alternative possible ; celle-ci s'impose. Si notre père était mort au moment de l'ouverture de la succession, nous pouvons certainement le représenter. S'il vivait au contraire, à ce moment, il avait droit à sa part dans la succession. Nous la réclamons.

Il me paraît impossible de répondre à ce langage des petits-enfants (1).

Enfin, comme le font remarquer MM. Aubry et Rau, « il serait déraisonnable de permettre aux autres héritiers d'écarter tout à la fois, et l'absent lui-même, par le motif que son existence est incertaine, et ses représentants, sous le prétexte que son décès n'étant pas prouvé, il est possible qu'il existe encore ».

Maintenant, pendant quelle période les articles 135 et 136 recevront-ils leur application ? Faut-il déclarer qu'ils ne seront applicables qu'après le jugement déclaratif d'absence prononcé ? Ou, au contraire, doit-on, en cette matière, supprimer toute distinction entre les deux périodes de présomption d'absence et de déclaration

(1) En ce sens, Laurent, *Principes de droit civil*, t. 2, n° 255, p. 323 ; Baudry-Lacantinerie, *Précis*, 2ᵉ édition, t. 1, n° 390 ; Aubry et Rau, t. 1, § 158, p. 630, note 3 ; Demolombe, t. 2, n° 209, etc... — Cass., 10 novembre 1824, S. 25.1.167 ; Paris, 27 janvier 1812, S. 12.2.292.

d'absence ? « Il n'y a pas de distinction à établir, nous disent MM. Aubry et Rau, entre le cas de l'absence déclarée et celui de l'absence présumée ». C'est aussi l'opinion de Demolombe et de la plupart des auteurs (1).

On peut invoquer en effet dans ce sens un excellent argument tiré des travaux préparatoires.

Le projet du Code employait le mot *absent* dans le texte qui est devenu l'article 136. Pour faire disparaître toute incertitude à cet égard, on remplaça l'expression *absent* par les mots : *dont l'existence n'est pas reconnue.* Ils sont des plus généraux. Or, dès qu'il y a présomption d'absence, l'existence de l'individu disparu devient douteuse.

Cependant Maleville, un des rédacteurs du Code, a soutenu que les articles 135 et 136 ne pouvaient s'appliquer qu'une fois le jugement déclaratif d'absence prononcé. Il serait dangereux, dit-il, d'appliquer ces articles pendant la période de présomption d'absence.

Une succession peut, en effet, s'ouvrir au profit d'un voyageur, d'un marin. Les autres intéressés auront alors tout intérêt à méconnaître son existence. Ils s'empareront ainsi de la succession et gagneront les fruits conformément à l'article 138.

Ce danger est absolument illusoire. Il ne peut exister

(1) Aubry et Rau, t. 1, p. 628-629, § 158, texte et note 1 ; Laurent, t. 2, n° 253, p. 321 ; Demolombe, t. 2, n°° 203 et suiv. ; etc. — Metz, 3 janvier 1860, Dalloz, *Supplément au Répertoire*, v° *Absence*, n° 78.

que si l'on confond le non présent avec le présumé absent. Le présumé absent est celui sur l'existence duquel il y a des doutes sérieux, et c'est au présumé absent seul que s'appliquent les articles 135 et 136. Trois frères sont appelés à recueillir une succession. Un d'entre eux est absent : il a quitté son domicile habituel quelque temps avant l'ouverture de cette succession, et depuis il n'a pas donné de ses nouvelles. Les deux frères présents, par la voie d'une requête adressée au Président du Tribunal, pourront demander qu'on leur attribue, conformément à l'article 136, la part revenant à leur frère. Le Président commettra un juge, avec mission d'éclairer le Tribunal sur les motifs et circonstances de l'absence, et de faire un rapport. Avant le prononcé du jugement, le ministère public, conformément à l'article 114, sera entendu. Dans ces conditions les intérêts de l'absent seront suffisamment sauvegardés, et les articles 135 et 136 pourront recevoir application, sans aucun danger.

Si le Tribunal a déjà reconnu l'état de présomption d'absence, dans un jugement antérieur, je crois que les successibles, appelés à défaut de l'absent, n'auront pas besoin de s'adresser de nouveau au Tribunal, pour se partager la succession.

Il peut arriver que le Tribunal, quand il est saisi de l'affaire, décide que l'incertitude sur l'existence de l'individu disparu n'est pas suffisamment établie, et qu'on ne peut considérer le cohéritier comme présumé absent.

Ce jugement pourra-t-il être toujours opposé aux intéressés contre lesquels il a été rendu ? Non, évidemment. Avec le temps l'incertitude sur l'existence augmente, le Tribunal n'a statué que sur la situation présente et après l'écoulement d'un certain nombre de mois, il peut très bien, rendant un nouveau jugement, considérer le cohéritier comme présumé absent et faire alors application de l'article 136.

Section II. — Droits et obligations de ceux qui recueillent les droits éventuels à défaut de l'absent.

Pour déterminer exactement quels sont les droits et les obligations des personnes appelées à recueillir un droit éventuel à défaut de l'absent, il importe de procéder par voie de comparaison, en opposant aux individus en question les envoyés en possession provisoire des biens de l'absent. Il existe, entre ces deux catégories de personnes, des différences nombreuses et importantes.

Elles découlent toutes de l'idée suivante. Nous avons montré que les envoyés en possession provisoire ne recueillent pas les biens de l'absent en vertu d'un droit propre, mais bien en qualité de dépositaires, nous dit l'article 125. Ils ont simplement l'administration et la garde des biens de l'absent. Tout autre, au contraire, est la situation de ceux qui recueillent un droit éventuel compétant à l'absent à défaut de celui-ci. Cette attribution leur est faite, en qualité de propriétaires, de titulaires du droit. Ils le recueillent en leur nom propre, pour leur compte personnel, par l'effet de la loi. Le caractère de l'envoi en possession provisoire est donc tout différent de celui de l'attribution faite en vertu de l'article 136. De là découlent les conséquences suivantes qui constituent autant de différences :

1° L'attribution établie par l'article 136 au profit de certaines personnes résulte de la loi. Elle a lieu de plein droit, par cela seul qu'au moment de l'ouverture du droit éventuel, des doutes existent sur le sort de celui à qui il compète. Il y a là une dévolution légale. Au contraire, les héritiers présomptifs de l'absent ne peuvent se faire envoyer en possession provisoire des biens de ce dernier qu'une fois la déclaration d'absence prononcée par la justice, c'est-à-dire cinq ou onze ans, suivant le cas, après la disparition ou les dernières nouvelles de l'absent.

2° Nous avons vu, en étudiant la disposition de l'article 127, que les envoyés en possession provisoire, en cas de retour de l'absent, ne gardent pour eux qu'une partie des fruits produits par les biens de l'absent. Il en est autrement des personnes qui recueillent, à défaut de l'absent, les biens qui auraient été dévolus à ce dernier. Elles gagnent tous les fruits par elles perçus, à la condition d'être de bonne foi. C'est, du reste, ce que nous dit l'article 138, ainsi conçu : *Tant que l'absent ne se re-*

présentera pas, ou que les actions ne seront point exercées de son chef, ceux qui auront recueilli la succession, gagneront les fruits par eux perçus de bonne foi. C'est l'application du droit commun, tel qu'il résulte des articles 549 et 550 du Code civil. Voilà une nouvelle différence entre l'envoi en possession provisoire et la dévolution établie par l'article 136.

3° Ainsi que nous l'avons montré, les envoyés en possession provisoire ne peuvent jamais acquérir par prescription contre l'absent, les biens de ce dernier qu'ils détiennent par suite de l'envoi en possession. Ils possèdent, en effet, pour autrui, et n'ont pas l'*animus domini*. Ce sont des détenteurs précaires (art. 2236). S'agit-il, au contraire, des personnes qui recueillent, en vertu de l'article 136, aux lieu et place d'un absent, des biens qui seraient advenus à ce dernier? Nous lisons dans l'article 137 : « Les dispositions des deux articles précédents auront lieu sans préjudice des actions en pétition d'hérédité et d'autres droits, lesquels compèteront à l'absent ou à ses représentants ou ayants cause, et ne s'éteindront que par le laps de temps établi pour la prescription ». Ainsi ceux qui sont appelés à recueillir un droit éventuel qui compétait à l'absent, à l'exclusion de celui-ci, peuvent prescrire. Ils possèdent, en effet, comme propriétaires, avec l'*animus domini*.

Il nous reste maintenant à déterminer s'il n'existerait

pas une nouvelle différence entre l'envoi en possession provisoire et la dévolution légale de l'article 136, en se plaçant à un autre point de vue.

Est-ce que ceux qui recueillent des droits éventuels à défaut de l'absent sont tenus de fournir les mêmes garanties que les envoyés en possession ? Doivent-ils, comme ces derniers, fournir caution, vendre les meubles sujets à dépérissement sur l'ordre du Tribunal, faire emploi du prix provenant de cette vente, dresser inventaire, dresser un état de lieux, etc. ?

Allons-nous, à ce nouveau point de vue, constater encore une différence entre les envoyés en possession provisoire et ceux qui sont appelés aux lieu et place de l'absent par l'article 136.

Le doute provient de ce que, dans la section II, le législateur n'a nullement parlé de ces garanties qu'il exige cependant des envoyés en possession provisoire. C'est précisément sur ce silence de la loi que les auteurs s'appuient très généralement pour soutenir que ceux qui recueillent des droits éventuels, à défaut de l'absent, ne doivent point fournir caution, dresser inventaire ou un état des lieux, vendre le mobilier corporel, etc... La loi est muette, disent les partisans de ce système. Vous ne pouvez suppléer à son silence: *Dura lex, sed lex.* Peut-être, dit-on, serait-il utile et juste de modifier à cet égard la règle du Code civil. C'est un vœu que l'interprète peut formuler, mais il doit appliquer la loi telle qu'elle est sans chercher à l'améliorer (1).

Malgré ces raisons, je crois, pour ma part, devoir me rallier à l'opinion contraire. Le législateur en effet, en établissant les règles de l'absence, a toujours cherché à défendre les intérêts de l'absent. Une fois la déclaration d'absence prononcée, la loi abandonne simplement l'administration et la garde des biens de l'absent aux envoyés provisoires. Si elle exige d'eux un certain nombre de garanties, c'est parce que le retour de l'absent est toujours possible.

C'est là une éventualité que la loi ne perd jamais de vue. Pourquoi ne s'en serait-elle pas occupée ici, lorsqu'il s'agit de ceux qui recueillent à défaut de l'absent, un droit éventuel compétant à ce dernier?

De plus, avant même de prononcer l'envoi en possession, on a fait des recherches partout, afin de découvrir la retraite de l'absent, et pour connaître les circonstances et le motif de cette absence.

En notre matière, toutes ces investigations n'ont pas lieu. Une succession s'ouvre à laquelle l'absent était appelé. Ceux qui aux lieu et place de l'absent doivent la recueillir, ont tout intérêt à méconnaître l'existence de celui-ci. Ils s'adressent au Tribunal et obtiennent assez facilement de lui un jugement de présomption d'absence. Si même un jugement antérieur a été rendu, reconnais-

____

(1) V. notamment Demolombe, livre I, titre IV, partie I, § 213.

sant l'état de présomption d'absence, les successibles, à défaut de l'absent, pourront, ai-je dit, se partager la succession sans recourir à l'autorité judiciaire.

Dès lors, quelle protection aurait l'absent, si ceux qui se partagent ainsi la succession ne sont point obligés de fournir caution ? Sans doute, les immeubles ne pourront être aliénés que sous condition résolutoire, puisque les successibles ne sont propriétaires que sous cette condition. Mais les meubles au moins corporels, vendus, seront évidemment perdus pour l'absent de retour, car l'acquéreur invoquera pour sa protection l'article 2279. Si l'on n'admet pas l'obligation de fournir caution, il arrivera que l'absent de retour ne retrouvera plus aucune des valeurs composant une succession entièrement mobilière qu'il aurait pu recueillir. De plus, il ne pourra peut-être exercer aucune action en restitution ou en dommages-intérêts contre le successible, parce que ce dernier sera devenu insolvable. Ainsi le défaut de caution causera la ruine de l'individu disparu.

L'absent, en ce qui concerne les droits éventuels qui peuvent lui advenir, a donc besoin d'une protection plus grande encore que relativement à ses biens présents. Si le législateur n'a point parlé formellement ici de garanties spéciales, c'est évidemment qu'il a voulu que l'on admette en pareille matière toutes les garanties qu'il exigeait, en cas d'envoi en possession provisoire. Il n'a point formulé expressément cette exigence, parce qu'il lui a paru qu'elle s'imposait d'elle-même.

C'est ainsi que s'explique le silence de la loi. Si l'on n'applique pas ici les mesures protectrices édictées par les articles 123 et 126, on peut aboutir à une spoliation de l'absent. On arrive ainsi à un résultat que le législateur, non seulement refuse d'admettre, mais a même tenté d'empêcher par tous les moyens possibles.

Je crois donc qu'il faut transporter ici toutes les garanties qui accompagnent l'envoi en possession provisoire. L'article 137 réserve à l'absent la pétition d'hérédité, ce droit serait absolument illusoire sans l'adoption de ces garanties.

Par suite les personnes qui à défaut de l'absent voudront recueillir une succession à laquelle ce dernier était appelé, devront donc :

1° Fournir caution ;

2° Vendre le mobilier si le Tribunal l'ordonne ;

3° Faire emploi du prix provenant de la vente ;

4° Dresser inventaire ;

5° Dresser état de lieux.

En cas d'insolvabilité du successible, on aurait recours aux dispositions des articles 602 et 603.

CHAPITRE V

Jusqu'à présent, j'ai examiné simplement les effets produits par la déclaration d'absence, quant aux biens d'une personne non mariée. Je me propose d'examiner maintenant ses effets, en ce qui concerne une personne mariée.

Trois grandes questions se posent :

1° Quels effets produira l'absence sur le mariage ?

2° Quels effets sur le contrat de mariage ?

3° Quels effets produira l'absence relativement aux enfants.

J'étudierai ce dernier point dans un chapitre spécial.

§ I. — *Effets de l'absence sur le mariage.*

L'absence n'a jamais pour effet de dissoudre le mariage contracté par l'absent. Il en est ainsi, quelque longue que l'on suppose l'absence, alors même qu'elle se serait prolongée au delà de cent ans à partir de la naissance de l'absent. L'époux présent ne pourra donc dans aucun cas contracter une nouvelle union. On comprend en effet que la possibilité de la vie de l'absent, si faible qu'elle soit, s'oppose à ce que son conjoint s'engage dans les liens d'un second mariage. Au reste, l'article 227 du Code civil est très précis ; il nous dit : « Le mariage se dissout : 1° par la mort de l'un des époux : 2° par le divorce légalement prononcé ; 3° par la condamnation devenue définitive de l'un des époux à une peine emportant mort civile ». Le texte ne mentionne pas l'absence comme une cause de dissolution du mariage.

La situation de l'époux présent est évidemment très fâcheuse, car il est ainsi retenu dans une sorte de veuvage indéfini. Lors de la discussion du projet, l'attention des rédacteurs du Code fut naturellement attirée sur cette situation singulière. Mais on considéra qu'il y avait un intérêt supérieur s'opposant à la dissolution d'un lien aussi puissant que le mariage. On craignit que des scandales déplorables ne vinssent découler d'erreurs faciles à commettre, et que les époux ne cherchassent dans l'absence un moyen de divorce volontaire. Bref on décida que la déclaration d'absence n'aurait jamais pour effet de dissoudre le mariage.

Le conjoint de l'absent ne peut donc pas contracter une seconde union. Cependant il est possible, en fait, que, par suite d'une erreur ou même d'une fraude, l'époux présent ait contracté un nouveau mariage. Le premier n'étant point dissout, le second est nul. En effet, aux termes de l'article 147 du Code civil, « on ne peut contracter un second mariage avant la dissolution du premier ». C'est là un point certain.

Mais quel est le caractère de cette nullité? Est-ce une nullité absolue ou bien une nullité relative? En dehors de l'article 139 qui régit ce point, les principes mêmes répondent à cette question. L'époux présent ne pouvait contracter un nouveau mariage parce qu'il était dans l'impossibilité de prouver la dissolution du premier, autrement dit la mort de son conjoint. Il y a, en effet, incertitude sur la vie de ce dernier. Si l'époux présent a cependant contracté en fait un nouveau mariage, les personnes intéressées à demander l'annulation de ce mariage seront dans la nécessité de prouver que le premier mariage n'est pas dissout, autrement dit d'établir que le conjoint absent est vivant. Cette preuve est impossible à faire pour d'autres que l'absent ; donc personne sauf l'absent ne pourra exercer l'action en nullité. L'article 139 ne fait qu'une application de ces principes en nous disant : « L'époux absent dont le conjoint a contracté une nouvelle union sera seul recevable à attaquer ce mariage par lui-même, ou par son fondé de pouvoir muni de la preuve de son existence ».

Il s'agit donc ici d'une nullité relative qui ne pourra être invoquée que par l'époux absent. Faisons observer tout d'abord, avec la généralité des auteurs, que notre article 139 s'applique non seulement au cas d'absence déclarée, comme son texte semble l'indiquer, mais aussi dans l'hypothèse où il y a simplement présomption d'absence. La raison de décider est en effet la même dans les deux cas : *eadem est ratio*. On ne comprendrait pas que l'on distinguât ici. Ce point, du reste, ne peut soulever de difficultés sérieuses.

Le conjoint absent n'est pas obligé de demander lui-même et en personne la nullité de la seconde union contractée à son préjudice. L'article 139 nous dit qu'il peut attaquer le second mariage « par son fondé de pouvoir muni de la preuve de son existence ». Il ne s'agit pas ici, nous semble-t-il, d'un mandataire général que l'absent aurait laissé avant son départ. Le mandataire dont parle l'article 139 ne peut être qu'un mandataire spécial, à qui l'époux absent a donné la mission particulière de provoquer la nullité du mariage contracté par son conjoint. Comment peut-on vraiment parler ici d'une procuration générale laissée par l'absent avant son départ? Cette procuration ne pourrait être relative qu'à l'administration et à la gestion du patrimoine. En partant, l'époux actuellement absent n'a pas pu prévoir le second mariage de son conjoint.

De plus il ne suffit pas que le fondé de pouvoir de l'absent se présente pour que la nullité de la seconde union soit prononcée. Il faut, en outre, que ce mandataire établisse la preuve de l'existence de l'individu présumé ou déclaré absent. Il doit s'être muni de cette preuve, nous dit l'article 139. On comprend parfaitement cette exigence de la loi. La procuration donnée par l'absent ne prouve pas, en effet, nécessairement la propre existence de ce dernier au jour où le fondé de pouvoir agit en justice. Il se peut d'abord que la procuration ait été donnée, alors que le mariage était simplement projeté, et n'était pas encore conclu. Or il a pu parfaitement arriver que l'absent fût mort au moment où la seconde union était contractée. Alors le second mariage ne serait pas nul. Enfin, depuis que la procuration a été donnée, l'absent a pu décéder, et sa mort révoque le mandat donné par lui.

Sous ces réserves, l'article 139 déclare que seuls le conjoint survivant ou son fondé de pouvoir peuvent agir et demander la nullité. Il y a là une dérogation au droit commun. Lorsqu'un époux se remarie avant la dissolution du premier mariage, il y a bigamie ; la nullité est alors absolue et toute partie intéressée peut la demander, ainsi que le ministère public (art. 184 à 190). Ici, au contraire, la loi ne permet pas que l'on attaque le second mariage contracté par l'époux de l'absent. C'est qu'en effet, comme nous l'avons montré plus haut, il y a incertitude sur le sort de l'individu disparu. On ne sait pas d'une façon certaine s'il existait, ou, au contraire, s'il était décédé, lors du mariage contracté par son conjoint. Il est donc possible qu'il n'y ait pas bigamie ;

on doit même le supposer. Dès lors, dans cet état d'incertitude, le législateur ne pouvait permettre de demander la nullité du second mariage, aux personnes autres que l'absent lui-même ou son fondé de pouvoir.

Mais cette incertitude cesse, en cas de retour de l'absent. Dès lors, faudra-t-il dire que dans ce cas l'absent est encore seul recevable à attaquer le second mariage contracté par son conjoint? Je ne le crois pas. Désormais, en effet, on n'a plus aucun doute sur le sort de l'individu déclaré absent. On sait qu'il existe. Le motif qui explique la disposition exceptionnelle de l'article 139 disparaît donc. Pourquoi alors ne pas revenir au droit commun de l'article 184? Il doit reprendre son empire.

En second lieu, la solution contraire aboutirait à une situation des plus immorales. Supposons que l'absent revienne et accepte la situation nouvelle de son conjoint. Il juge bon de garder le silence. On se trouvera alors en présence d'un cas de bigamie bien caractérisée. Une femme aura ainsi légalement deux maris. Il pourra y avoir en outre deux présomptions de paternité en concours, s'il naît des enfants depuis le retour de l'absent. Le ministère public qui représente la société devra-t-il rester désarmé devant un tel scandale? Ne faut-il pas lui permettre d'agir et de demander la nullité d'un mariage qui est un trouble permanent pour l'ordre social? Il suffit de poser la question pour la résoudre. La connivence coupable de l'absent ou même simplement son indifférence ne peut légitimer un commerce adultérin.

Enfin, il est un dernier argument que l'on peut faire valoir encore en faveur de notre solution ; c'est le texte même de l'article 139. Il nous parle d'un individu en état d'absence. Dès lors, quand l'absence a cessé, ce texte ne peut recevoir son application et toutes les personnes intéressées, désignées en l'article 184, auront le droit de demander la nullité.

Voilà la solution qui nous paraît découler de l'article 139. Cette opinion ne reforme pas le texte, comme le prétend M. Laurent ; elle se contente de l'appliquer.

La solution que nous venons de présenter doit être admise non seulement en cas de retour de l'absent à son domicile, mais aussi, croyons-nous, dans le cas où on a simplement reçu des nouvelles de l'absent. Le contraire a été cependant soutenu. Il semble, en effet, qu'il y a une différence à faire entre l'hypothèse de retour de l'absent sur les lieux et celle où on a simplement reçu des nouvelles de l'absent. Dans ce second cas, dit-on, il n'y a plus de scandale à faire cesser, ou, tout au moins, le scandale est bien moins fort. Car, l'immoralité de la situation sera peut-être moindre, nous le reconnaissons, mais elle n'en existera pas moins. De plus, le mot *absent*, employé par l'article 139, ne peut viser l'époux *non présent* sur les lieux, mais bien celui sur l'existence duquel

il y a incertitude. C'est là le sens normal et juridique
du mot *absent*.

On a voulu invoquer aussi dans notre sens un argument tiré des travaux préparatoires. On a essayé de se
fonder sur les discussions qui s'élevèrent lors de la rédaction du Code, sur les articles 26 et 27 du projet correspondant à notre article 139. Mais ces discussions me
paraissent des plus confuses, et je crois qu'il est impossible de rien en tirer. Les rédacteurs du Code, en modi-
fiant la rédaction primitive des articles 26 et 27 du projet, ne se sont pas proposés de trancher la question de
savoir par qui la nullité du second mariage pourrait être
demandée (1).

De ce que l'absence ne dissout pas le mariage, il résulte que la femme de l'absent reste frappée de l'incapacité attachée par la loi à l'état de femme mariée. Elle ne
pourra donc contracter ou ester en justice qu'avec l'autorisation du Tribunal. Les actes faits par la femme sans
cette autorisation seront nuls, mais ils ne pourront être
attaqués qu'après le retour de l'absent, alors que toute
incertitude aura cessé sur l'existence de ce dernier.
Jusque-là ils doivent être maintenus.

§ II. — *Effets de la déclaration d'absence sur le contrat de mariage.*

Si le jugement de déclaration d'absence ne produit

(1) Locré, t. 2, p. 240, n⁰ˢ 43 et 44.

aucun effet sur le mariage, il n'en est point de même en ce qui concerne le contrat de mariage. En principe le régime matrimonial sous lequel les époux sont mariés est considéré provisoirement comme dissous au jour du départ ou des dernières nouvelles de l'absent. Il y a lieu de liquider provisoirement les droits respectifs des époux et de permettre à chacun d'eux de les exercer. Puis les héritiers présomptifs de l'absent au jour de ses dernières nouvelles, les légataires et tous ceux qui ont des droits subordonnés à la condition de son décès, peuvent les exercer provisoirement. On leur attribue d'une façon provisoire l'administration et la jouissance des biens propres de l'absent suivant les règles exposées plus haut. Il n'y a là qu'une application de la règle générale posée par la loi dans notre matière, et d'après laquelle la dé-claration d'absence a pour effet d'ouvrir au profit des intéressés l'exercice provisoire des droits subordonnés au décès de l'absent.

Toutefois le législateur n'a point voulu appliquer au régime de communauté le principe de la dissolution du contrat de mariage. Il y a apporté une exception dans l'article 124 ainsi conçu :

« L'époux commun en biens, s'il opte pour la conti-nuation de la communauté, pourra empêcher l'envoi provisoire et l'exercice provisoire de tous les droits su-bordonnés à la condition du décès de l'absent, et pren-dre ou conserver par préférence l'administration des biens de l'absent. Si l'époux demande la dissolution provisoire de la communauté, il exerce ses reprises et tous ses droits légaux et conventionnels à la charge de donner caution pour les choses susceptibles de restitution. La femme en optant pour la continuation de la communauté conservera le droit d'y renoncer ensuite ».

Voyons d'abord la portée de cette exception, nous chercherons à l'expliquer ensuite.

Si l'article 124 n'existait pas, la communauté serait provisoirement considérée comme dissoute au jour des dernières nouvelles de l'absent, et liquidée d'après son état à cette époque. Une liquidation régulière aurait lieu, liquidation analogue à celle qui est faite en cas de mort d'un des époux mariés sous le régime de communauté. Puis l'époux présent exercerait provisoirement tous ses droits, et les héritiers présomptifs de l'absent demanderaient alors l'envoi en possession provisoire des biens composant la part de l'absent.

L'article 124 apporte une exception au droit commun en ce sens que la communauté n'est point forcément dissoute par le jugement de déclaration d'absence. L'époux commun en biens présent a un droit d'option. Il peut ou demander la dissolution provisoire de la communauté, ou bien la continuation provisoire de cette même communauté. Dans ce dernier cas, celle-ci sera considérée comme existant encore malgré la déclaration d'absence.

Ce droit d'option, l'article 124 l'accorde seulement à

l'époux présent qui est commun en biens, c'est-à-dire
marié sous le régime de la communauté. Peu importe,
au reste, que les époux soient mariés sous le régime de
la communauté légale ou conventionnelle. La loi ne distingue pas. L'exception de l'article 124 doit être étendue
aussi au régime dotal combiné avec une société d'acquêts. Mais en retour, elle ne s'applique ni au régime
dotal pur, ni à la séparation de biens, ou au régime exclusif de communauté.

Nous reviendrons un peu plus loin sur la raison d'être
de la faveur accordée par le législateur à l'époux commun
en biens.

A quel moment l'époux commun pourra-t-il exercer
son droit d'option ? L'article 124 suppose l'exercice de
ce droit d'option avant l'envoi en possession accordé. Il
dit, en effet, que l'époux en optant *pourra empêcher l'envoi en possession*. Est-ce à dire que les héritiers présomptifs une fois mis en possession, l'époux verra éteint son
droit d'option ? Je ne le crois pas. Le législateur a statué
dans l'hypothèse ordinaire sur ce qui arrive le plus souvent *de eo quod plerumque fit* La loi n'ayant fixé aucun
délai au conjoint, celui-ci pourra exercer son droit d'option même après l'envoi provisoire et le faire ainsi
cesser.

Si l'époux commun en biens opte pour la dissolution
de la communauté, il ne pourra plus revenir sur sa décision et demander ensuite la continuation de la commu-

nauté. La communauté ne peut être dissoute qu'une fois. Il serait injuste, en effet, que les héritiers présomptifs de l'absent, pussent se voir dépouiller des biens qu'ils ont obtenus régulièrement avec le consentement du conjoint présent et en vertu d'un jugement. L'option du conjoint présent, pour la dissolution de la communauté, a fait naître à leur profit un droit irrévocable à l'égard de ce dernier.

Dans quelle forme l'époux présent fera-t-il connaître son option ? La loi est encore muette sur ce point. Aussi il faut dire qu'aucune forme particulière n'est requise. Il suffit que le conjoint présent manifeste clairement son intention, soit expressément, soit tacitement.

Ainsi le mari pourra notifier aux héritiers présomptifs de la femme son intention, ou bien il interviendra à l'instance d'envoi provisoire et s'opposera à ce qu'il soit prononcé. Quant à la femme, comme elle est toujours mariée, elle devra s'adresser au Tribunal qui l'autorisera à exercer ce droit d'option.

Reprenons maintenant successivement les deux termes de l'option accordée au conjoint présent.

a) L'époux présent commun en biens, opte pour la dissolution de la communauté.

Si l'époux présent renonce à l'exception apportée en sa faveur par l'article 124, on procède régulièrement à la liquidation de la communauté. On la considère comme dissoute à partir du jour du départ ou des dernières nouvelles de l'absent. Le conjoint présent aux termes de l'article 124 « exerce ses reprises et tous ses droits légaux et conventionnels », c'est-à-dire qu'il reprend ses biens propres non tombés en communauté, qu'il exige le paiement des récompenses qui lui sont dues, et la moitié dans l'actif de la communauté. De plus, le conjoint présent peut réclamer provisoirement le bénéfice des avantages qui lui ont été faits dans le contrat, tels que droit de préciput, clause de partage inégal de la communauté, etc. Les personnes qui ont aussi des droits subordonnés au décès de l'absent, pourront également les faire valoir provisoirement sur les biens qui reviennent à l'absent.

b) L'époux commun opte pour la continuation
provisoire de la communauté.

L'époux présent et commun en biens, au lieu de demander la dissolution provisoire de la communauté, peut aussi, comme nous l'avons dit, opter pour la continuation provisoire de cette communauté. Cette option a pour effet de faire maintenir provisoirement le régime matrimonial sous lequel les époux sont mariés. Aussi, aux termes de l'article 124, elle permet au conjoint de se prévaloir d'un double droit :

1° Le droit d'empêcher l'envoi en possession provisoire des héritiers présomptifs de l'absent, ainsi que l'exercice provisoire de tous les droits subordonnés à la condition du décès de l'absent ;

2º Le droit de *prendre* ou de *conserver* par préférence l'administration des biens communs et du patrimoine personnel de l'absent. C'est là une hypothèse d'administration légale.

Il est, je crois, absolument naturel et juste que le législateur ait permis à l'époux commun présent d'écarter, par son option, les héritiers présomptifs de l'absent, ainsi que les légataires et les héritiers contractuels de celui-ci. L'époux commun, en effet, a un droit certain qui résulte de son contrat de mariage, tandis que les héritiers présomptifs, au contraire, n'ont qu'un droit incertain et éventuel à la succession de l'absent, droit qui peut s'anéantir par la nouvelle apportée de l'existence de l'absent. Mais le législateur, il faut le remarquer, a été plus loin. Il a préféré l'époux commun présent même à des personnes ayant un droit actuel et certain. Je suppose par exemple que le conjoint absent était usufruitier, ou bien donataire de biens donnés avec une clause de retour, ou bien encore détenteur de biens grevés d'une substitution. Dans ce cas le nu-propriétaire, le donateur avec clause de retour, l'institué ou l'appelé, ont évidemment un droit certain et non pas simplement éventuel. Toutes ces personnes auraient pu, sans l'article 124, demander l'exercice provisoire de leurs droits. Pourquoi le législateur leur a-t-il préféré l'époux com-

mun en biens ? En quoi la situation de l'époux commun
en biens lui a-t-elle semblé plus digne d'intérêt ? Il peut
paraître au premier abord assez difficile de le dire.
Aussi des auteurs pensent que la loi aurait dû distinguer
deux catégories de personnes : 1° celles qui n'ont qu'un
droit éventuel et précaire à la succession de l'absent ;
2° les intéressés qui ont dès maintenant un droit certain,
que le retour de l'absent ne peut éteindre : le nu-propriétaire, le donateur avec clause de retour, l'institué.
Pour ces dernières personnes, dit-on, le législateur n'aurait pas dû permettre au conjoint de paralyser leur droit
pendant un temps qui pourra être fort long, et durer
30 ans. La loi a fait à ces tiers une position pire que si
l'époux absent était encore là. Dans ce dernier cas, en
effet, ils pourraient espérer tout au moins la mort de
l'absent.

Malgré ces objections, je crois que le législateur a bien
fait de ne point établir la distinction que l'on propose.
On peut donner, en effet, un double motif à la faveur
accordée par la loi au conjoint, motif qui s'applique
même dans le cas où ce dernier se trouve en présence
d'intéressés ayant un droit certain sur les biens de l'absent.

N'est-il pas juste, tout d'abord, que le conjoint jouisse
de tous les avantages de son contrat de mariage, alors
qu'on l'empêche de contracter une nouvelle union ? Il y
a là une compensation donnée au conjoint que l'on as-

treint à une sorte de veuvage. Puisqu'on le place dans l'impossibilité de se remarier, qu'il profite au moins des avantages du contrat de mariage !

De plus, lorsque l'absent est marié, surtout lorsque c'est la femme, on ne peut plus dire que ses biens restent sans surveillance. L'envoi en possession provisoire des héritiers présomptifs perd son utilité. Ne vaut-il pas mieux concentrer en une seule main l'administration de la fortune de l'absent au lieu de la disperser et de la morceller entre plusieurs intéressés ? Nul ne prendra plus de soins des intérêts de l'absent que son conjoint même. Aussi il me paraît juste que le conjoint puisse primer les héritiers présomptifs de l'absent, et autres intéressés qui ont des droits subordonnés au décès de ce dernier. Dès lors, étant donnés les motifs qui expliquent la faveur faite par la loi à l'époux commun en biens, il est impossible de justifier la distinction établie par la législation entre la communauté et les autres régimes matrimoniaux.

Les raisons invoquées pour expliquer l'exception de l'article 124, relative à la communauté, peuvent en effet être très valablement invoquées en ce qui concerne les autres régimes. Il eût été très naturel et très logique de déclarer d'une manière générale que l'époux présent, sans distinction de régime, pourrait à son gré conserver ou abandonner tous les avantages que lui conférait son contrat de mariage. C'est qu'en effet quel que soit le régime adopté par les époux, le conjoint présent peut avoir un grand intérêt au maintien des conventions matrimoniales. Sous le régime exclusif de communauté le mari a l'administration et la jouissance des biens de la femme. De même, sous le régime dotal, le mari profite des revenus des biens dotaux. Enfin la femme mariée sous la séparation de biens doit, aux termes de l'article 1537, contribuer aux charges du mariage jusqu'à concurrence du tiers de ses revenus. Dans toutes ces hypothèses, la déclaration d'absence prononcée contre la femme absente va priver le mari présent des revenus des biens de la femme alors qu'aucune faute ne peut être reprochée au mari.

Quoi qu'il en soit, la loi est absolument formelle. La faveur édictée par l'article 124 présente un caractère exceptionnel et ne peut s'appliquer qu'au régime de communauté, ainsi que nous l'avons montré.

Lorsque le conjoint présent est le mari et qu'il a opté pour la continuation de la communauté, sa situation après le jugement de déclaration d'absence prononcé, ou plutôt après son option ne sera point changée en ce qui concerne les biens tombés dans la communauté. Le mari continuera d'exercer tous les pouvoirs qu'il avait avant l'absence en qualité de chef de la communauté. Il n'y a en effet aucune raison pour les restreindre. Ainsi le mari aura le droit de vendre les biens communs et de les hypothéquer sans autorisation de justice (art. 1421).

De même, il ne pourra en disposer à titre gratuit que pour l'établissement des enfants communs (art. 1422).

Ce n'est pas seulement des biens communs que le mari présent conserve l'administration, c'est aussi des biens propres de la femme, qui ne tombent pas en communauté. Cette règle se comprend fort bien, étant donné que sous le régime de communauté, le droit d'administrer les biens communs entraîne pour le mari celui de gérer également le patrimoine personnel de la femme. Par conséquent le mari continuera comme par le passé à exercer son droit d'administration sur les biens de la femme avec les mêmes pouvoirs. Il gardera tous les droits que lui confèrent les articles 1428 et suivants du Code civil.

Il faut remarquer en outre que l'article 124 est général. Il accorde à l'époux présent l'administration *des biens de l'absent*, sans aucune distinction. Par conséquent cette règle doit s'appliquer même dans l'hypothèse où la femme maintenant absente, en se mariant sous le régime de la communauté, s'est réservé par une stipulation expresse du contrat de mariage l'administration et même la jouissance de ses biens propres. Même dans ce cas, le mari aura le droit d'administrer ces biens propres de la femme exclus de la communauté quant à l'administration et la jouissance (1). Seulement, dans

______

(1) V. en ce sens, Aubry et Rau, t. I, p. 616, texte et note 5 ; Demolombe, t. II, n° 277 ; Baudry-Lacantinerie, t. I, n° 371, *in fine*.

cette hypothèse, le mari *prendra* l'administration des biens de la femme, au lieu de la *conserver* seulement. De plus les pouvoirs du mari sur cette catégorie de biens de la femme seront ceux de tout envoyé en possession provisoire. Il faut les renfermer dans les mêmes limites.

Quelques difficultés se sont présentées dans l'hypothèse où l'on vient à acquérir la preuve du décès de l'absent. Dans ce cas, les actes d'administration faits par le mari seront maintenus comme ceux de tout envoyé en possession provisoire. En ce qui concerne les actes d'aliénation que le mari a pu faire des immeubles communs en sa qualité de chef de la communauté provisoirement maintenue, il peut sembler à première vue qu'ils devraient tomber, puisqu'il est établi que la communauté n'existait plus lorsque ces actes ont été accomplis. Il n'en est rien. Sans doute la communauté a réellement pris fin pour les époux du jour du décès. Mais, à l'égard des tiers, elle a continué d'exister, malgré le décès de l'absent, en ce qui concerne l'étendue des pouvoirs du mari qui a opté pour la continuation provisoire de la communauté. C'est le cas d'appliquer ici les articles 2008 et 2009. Le mari était un mandataire légal dont les pouvoirs se trouvaient déterminés par les articles 1421 et suivants. Il ignorait la mort de son mandant. Tout ce qu'il a fait dans cette ignorance doit donc être validé.

Ainsi les héritiers de la femme absente sont tenus de respecter les actes d'administration passés par le mari, et même les actes de disposition qu'il a pu faire dans les limites des pouvoirs que lui accorde la loi.

Mais si on doit considérer que la communauté a continué à l'égard des tiers jusqu'au jour de la nouvelle du décès de l'absent, il n'en est pas moins vrai qu'elle a réellement cessé entre les époux au jour même du décès. Par suite, à partir de ce jour le mari est comptable envers les héritiers de la femme de la valeur des biens par lui aliénés. Aussi il faut permettre à ces héritiers de prendre, en vue de cette éventualité possible, des mesures conservatoires, et par exemple de faire inscrire l'hypothèque légale de la femme sur les acquêts vendus par le mari. Ce dernier ne pourra en exiger la radiation. C'est ce que la Cour de Bordeaux a décidé le 28 juin 1870 (1).

Supposons maintenant que le mari soit absent. C'est la femme présente qui a demandé la continuation provisoire de la communauté. La situation nous apparaît alors comme toute différente. La femme, à la suite de son option, *prend* l'administration qui appartenait jusque-là au mari, c'est-à-dire la gestion des biens communs, des biens personnels du mari, et des biens propres à elle-même, lorsqu'elle ne s'en était pas réservé expressément l'administration par son contrat de mariage. On a essayé parfois de contester cette solution pour les biens personnels du mari. Mais à tort. L'article 124 est très

(1) Sirey, 70, 2, 326.

net et très catégorique. Il dit : l'époux présent prend l'administration des *biens de l'absent*. Il ne parle donc pas seulement des biens de la communauté. Par suite la femme aura l'administration de tous les biens qui appartiennent tant à elle qu'à son mari, ou qui sont tombés dans la communauté.

De même, quoique ce point ait été contesté, il ressort de la généralité des termes de l'article 124 que le droit, pour la femme, de prendre l'administration des biens du mari existe pour elle toutes les fois qu'elle opte pour la continuation de la communauté, alors même que les époux seraient mariés sous la société d'acquêts combinée avec le régime dotal.

En ce qui concerne les biens dont la femme prend l'administration, elle jouit de pouvoirs moins étendus que le mari. Ses droits ne peuvent être que ceux de tout envoyé en possession provisoire. Ainsi elle peut faire librement tous les actes conservatoires et d'administration pure. Elle a le droit de consentir toutes les aliénations courantes, qui ne sont autre chose que l'exercice normal de tout pouvoir d'administration. Mais elle ne pourrait faire sans une autorisation de justice aucune aliénation proprement dite. Elle ne peut pas, non plus, ester en justice même relativement à des actes d'administration sans une autorisation spéciale du Tribunal. Notre Code, en effet, considère la femme mariée, d'une façon générale, comme étant toujours en tutelle et les articles 222 et 1427 nous disent nettement : « La femme ne peut s'obliger, ni engager les biens de la communauté, même pour tirer son mari de prison ou pour l'établissement de ses enfants, en cas d'absence du mari, qu'après y avoir été autorisée par justice ».

Si la femme aliène cependant un de ses immeubles personnels, sans s'être adressée préalablement au Tribunal pour en obtenir l'autorisation, cette aliénation sera entachée de nullité. Mais cette nullité ne sera que relative. Les tiers ne pourront s'en prévaloir. Ils sont en faute pour avoir traité avec une femme non autorisée. Mais celle-ci tirera de l'article 225 le droit d'invoquer elle-même cette nullité. Ce texte nous dit en effet : « La nullité fondée sur le défaut d'autorisation ne peut être opposée que par la femme, par le mari ou par leurs héritiers ». Ajoutons que la femme devra prouver l'existence de son mari.

§ III. — *Garanties de restitution.*

Que l'époux commun en biens opte pour la continuation de la communauté, ou bien choisisse, au contraire, la dissolution de la communauté, il peut se trouver obligé de restituer tout ou partie des biens qu'il a reçus, soit par suite du retour de l'absent, soit par suite de la nouvelle apportée de son existence.

Le législateur a voulu garantir cette restitution. Il

s'en est expliqué dans les articles 124 et 126. « Si l'é-
poux, dit l'article 124, demande la dissolution provisoire de la communauté, il exercera ses reprises et tous
ses droits légaux et conventionnels, *à la charge de donner caution pour les choses susceptibles de restitution* ».
L'article 126 ajoute : « L'époux qui aura opté pour la
continuation de la communauté devra faire procéder à
l'inventaire du mobilier et des titres de l'absent. Le Tribunal ordonnera, s'il y a lieu, de vendre tout ou partie
du mobilier. Dans le cas de vente, il sera fait emploi du
prix ainsi que des fruits échus. La visite des immeubles
à l'effet d'en constater l'état pourra être requise ».

On a discuté beaucoup sur le point de savoir si l'on
doit appliquer à la lettre ces deux articles, ou bien si,
au contraire, s'inspirant plutôt de leur esprit, on doit les
étendre et admettre en cette matière les garanties prises
contre les envoyés provisoires ordinaires.

Ainsi voilà un époux qui demande la dissolution provisoire de la communauté. Il peut être obligé plus tard
à certaines restitutions. Devra-t-il simplement fournir
caution comme l'article 124 le lui impose ? Ne sera-t-il
point obligé en outre à faire inventaire ? Au contraire,
voilà un époux qui demande la continuation de la communauté. Il est obligé par l'article 126 de procéder à
l'inventaire du mobilier et des titres de l'absent. Pourra-
t-on l'obliger aussi à fournir caution ?

Reprenons successivement ces deux points.

*a) L'époux présent opte pour la dissolution provisoire
de la communauté.*

Lorsque l'époux présent réclame la dissolution provisoire de la communauté, il est tenu, aux termes de l'article 124, « de donner caution pour les choses susceptibles de restitution ».

En ce qui concerne la femme, elle doit certainement fournir caution, pour tout ce qu'elle prend, droit de préciput et autres gains de survie, biens personnels du mari, biens communs, patrimoine personnel à la femme. Si l'absent reparaît, la femme devra en effet lui restituer tous ces biens. Il faut faire exception seulement pour les biens propres de la femme dont celle-ci n'a pas l'administration et la jouissance en vertu d'une clause formelle du contrat de mariage.

Quant au mari, ses héritiers devront restituer à sa femme absente tous les biens qu'il a pris en qualité de légataire de celle-ci ou de donataire sous condition de survie, s'il est établi plus tard que la femme lui a survécu. Par suite le mari est obligé de fournir caution pour tous ces biens.

En sens inverse, aucune restitution ne pourra jamais être due par le mari en ce qui concerne ses biens personnels. La responsabilité de la caution ne s'étendra donc pas à ces biens. Que la femme revienne ou qu'elle prédécède, le mari aura toujours eu la libre disposition de son

patrimoine propre, sans devoir aucun compte à la femme.
Il n'y a pas à se préoccuper, croyons-nous, de cette circonstance que les fruits des biens propres du mari tombent dans la communauté. C'est l'opinion générale (1).

Mais des difficultés assez sérieuses se sont élevées
relativement à la part des biens de la communauté qui
a été provisoirement attribuée au mari.

D'après un premier système, le mari devait fournir
caution pour la valeur des biens composant sa part dans
la communauté, parce que, dit-on, il peut être appelé
éventuellement à faire des restitutions. S'il est prouvé,
en effet, que la femme absente est décédée à une époque
postérieure à celle des dernières nouvelles, la communauté aura continué jusqu'au moment du décès. Or, depuis le partage provisoire, à la date des dernières nouvelles, les biens considérés comme formant la part de la
femme ont pu périr par cas fortuit. Dans cette hypothèse
la perte doit retomber sur toute la masse partageable et
le mari pourra avoir certaines restitutions à faire. Donc
il doit fournir caution.

Je crois, au contraire, que le mari ne doit pas cette
caution. Il n'est, en effet, tenu en principe à aucune restitution. Si la femme reparaît, la communauté n'aura
jamais été dissoute, et le mari en aura toujours été maître. Il a donc pu disposer des biens communs et il n'en
doit à sa femme ni compte ni restitution. L'hypothèse

(1) V. en sens contraire. Marcadé sur l'article 124, n° 19.

faite par les partisans de l'opinion contraire me paraît bien exceptionnelle.

L'époux présent qui opte pour la dissolution provisoire de la communauté est-il tenu de faire inventaire? On l'a prétendu en se fondant sur ce que le conjoint qui fait cette option n'est qu'un simple envoyé en possession provisoire, un administrateur du bien d'autrui, tenu comme tel de faire dresser un inventaire. On invoque en second lieu cette considération que l'obligation de l'inventaire découle tacitement de celle de la caution. C'est l'opinion commune.

Je crois, au contraire, que l'époux présent qui opte pour la dissolution provisoire de la communauté ne peut être tenu de faire inventaire. Cette solution ressort évidemment du silence de l'article 124, et aussi du texte de l'article 126 qui n'assujettit à l'obligation de faire inventaire que l'époux *qui aura opté pour la continuation de la communauté*. N'est-ce pas en dispenser celui qui a opté pour la dissolution? L'intention du législateur a donc été de ne pas traiter à ce point de vue le conjoint comme tout administrateur de la fortune d'autrui (1).

*b) L'époux présent opte pour la continuation provisoire de
la communauté.*

Quand l'époux présent prend le parti d'opter pour la continuation provisoire de la communauté, la loi

(1) *Sic* Laurent, t. 2, n° 216.

lui impose l'obligation de faire inventaire (art. 126, al. 1). Cette obligation pèse sur les deux époux, aussi bien sur le mari que sur la femme.

Aux termes de l'article 126, premier paragraphe, l'inventaire doit comprendre tous les biens personnels de l'absent, le mobilier et les titres de cet époux. Mais faut-il comprendre, en outre, dans l'inventaire, les biens de la communauté, les meubles et les titres de cette communauté ? La question a soulevé quelques difficultés à l'égard du mari. Des auteurs ont prétendu que le mari n'était pas tenu de faire inventaire des biens de la communauté. On a invoqué en ce sens les termes de l'article 126 qui parle seulement du mobilier et des titres de l'*absent*. De plus, a-t-on dit, le mari est le chef de la communauté. Il conserve ses pouvoirs malgré l'absence. Il peut, comme nous l'avons vu, aliéner ou hypothéquer, sans autorisation de justice, tous les biens communs. Il a même le droit d'en disposer à titre gratuit pour l'établissement des enfants communs (art. 1422). A quoi bon, dès lors, lui imposer un inventaire qui sera purement inutile.

Je ne peux adhérer à cette solution. Tout d'abord, en effet, par cela seul que les biens sont communs, on peut dire qu'ils appartiennent pour moitié à l'absent, et ils rentrent par suite dans les termes de l'article 126. En second lieu les biens communs sont susceptibles d'une restitution éventuelle, de même que les biens propres.

L'inventaire présentera donc à cet égard une grande utilité. Supposons, en outre, que le mari ait aliéné un ou plusieurs immeubles appartenant à la communauté. Puis les héritiers présomptifs de l'absent viennent ensuite prouver que le décès de la femme est antérieur à cette aliénation. Ils indiquent la date précise de ce décès. Il est alors bien évident que la liquidation de la communauté devra remonter jusqu'à cette date. Les tiers acheteurs seront à l'abri. Mais le mari sera comptable vis-à-vis des héritiers présomptifs. L'inventaire servira précisément de base à cette responsabilité.

Outre l'obligation de faire inventaire imposée à l'époux présent qui opte pour la continuation de la communauté, la loi ajoute, dans l'article 126, que le Tribunal peut ordonner, s'il y a lieu, de vendre tout ou partie du mobilier. Le texte s'applique certainement aux meubles personnels du conjoint absent. Que faut-il décider pour le mobilier commun? On admet très généralement que la femme peut se voir imposer par le Tribunal la vente de tout le mobilier commun, ou simplement d'une partie des meubles de la communauté. Le Tribunal pourra aussi fixer lui-même l'emploi des sommes provenant de cette vente. Les juges en déterminant les objets mobiliers à vendre et l'emploi à faire du prix de vente, d'un côté défendent les intérêts de l'absent, et de l'autre ne portent aucune atteinte aux droits de la femme. Si, au contraire, c'est la femme qui est absente, je n'admettrais pas le Tribunal à imposer au mari la vente du mobilier de communauté. Évidemment, en effet, le mari, en demandant la continuation de la communauté, a entendu conserver tous les pouvoirs qu'il avait eus jusquelà sur les biens communs. Les intérêts de la femme ne peuvent être mis en souffrance par le seul fait de cette continuation de pouvoirs.

L'époux qui opte pour la continuation de la communauté, devra-t-il fournir caution, comme celui qui se prononce pour la dissolution de la communauté? L'article 126 est muet sur ce point; aussi a-t-il soulevé des difficultés.

D'après une première opinion, il faudrait distinguer entre le mari et la femme, celle-ci devrait fournir caution, alors que le premier n'y serait pas obligé. La femme, dit-on, ne peut se plaindre de ce qu'on lui impose cette charge. Ses pouvoirs d'administration qui étaient nuls auparavant deviennent considérables. Avant l'absence de son mari elle ne pouvait pas, en règle générale, administrer même ses propres biens, et maintenant elle peut, après son option, administrer même les biens de son mari. N'est-il pas juste de protéger le mari absent contre un tel accroissement de pouvoirs de la femme? Lorsque le mari, au contraire, est présent et la femme absente, la situation est toute différente. En optant pour la continuation de la communauté, le mari demande sim-

____

(1) En ce sens, Paris, 9 janv. 1826, S. 26. 2. 279.

plement la continuation de ses pouvoirs. La situation de la femme n'est donc pas aggravée.

Je crois, pour ma part, qu'on ne peut pas distinguer entre le mari et la femme. La distinction proposée par l'opinion que nous venons de présenter n'a aucune base dans les textes.

Aussi, a-t-on proposé un second système, d'après lequel l'époux commun qui demande la continuation de la communauté ne doit point fournir caution, peu importe que cet époux soit le mari ou la femme. L'article 126, dit-on, est net et précis. Il ne parle pas de caution. D'autre part, on ne doit point voir dans cet article 126 un oubli du législateur. L'article 124, en effet, qui vient un peu plus haut et qui s'applique également aux deux époux, en les soumettant à l'obligation de donner caution pour le cas de dissolution de la communauté, les en dispense virtuellement, lorsqu'ils optent pour sa continuation. On ajoute que cette solution s'explique parfaitement à l'égard du mari qui en réalité conserve seulement les pouvoirs qu'il avait déjà.

La majorité des auteurs se prononcent en faveur de cette seconde opinion (1). Néanmoins je crois que les deux époux, le mari comme la femme, lorsqu'ils sont présents et optent pour la continuation provisoire de la

______

(1) Aubry et Rau, t. 1, p. 617, § 155, texte et note 9 ; Demolombe, t. 2, n° 283 ; Laurent, t. 2, n° 210, etc.

communauté, sont soumis, de même que les envoyés en possession provisoire, à l'obligation de fournir caution. Si l'article 126 ne parle pas de cette caution, c'est par suite d'un oubli du législateur qui ressort avec évidence de l'esprit de la loi. Dans notre matière, la loi a voulu garantir les restitutions que l'époux présent serait obligé de faire soit à l'absent en cas de retour, soit aux héritiers de l'absent au cas où ils viendraient plus tard établir le décès de ce dernier. L'article 129 vient lever tous les doutes à cet égard. Nous y lisons : « Si l'absence a continué pendant trente ans, depuis l'époque à laquelle l'époux commun aura pris l'administration des biens de l'absent, les cautions seront déchargées ». C'est donc que les époux en biens, mari ou femme, lorsqu'ils optent pour la continuation de la communauté, doivent donner caution, comme les envoyés en possession provisoire (1).

Quoi qu'il en soit, quelqu'opinion que l'on adopte sur ce point, il n'en est pas moins vrai que l'époux présent, suivant qu'il opte pour la continuation ou la dissolution de la communauté, est dans une situation différente au point de vue des garanties de restitution. S'il opte pour la dissolution, il doit donner caution, mais n'est pas tenu de faire inventaire ; tandis que s'il opte pour la conti-

____

(1) Toullier, t. 1, n° 466 ; de Moly, nos 580 et suiv.

nuation de la communauté, il est soumis à l'inventaire et à la caution d'après nous, et suivant l'opinion générale, simplement à l'inventaire. Il y a là un certain défaut de concordance montrant que la loi n'a pas été rédigée avec grand soin.

CHAPITRE VI

La déclaration d'absence peut intéresser deux catégories d'enfants, les enfants mineurs et les enfants majeurs. Je m'occuperai d'eux successivement.

A. — Enfants mineurs.

Les effets de l'absence quant à la puissance paternelle et quant à la tutelle des enfants mineurs de l'absent varient profondément suivant que l'absence n'est
encore que simplement présumée ou qu'elle a été déclarée.

Aussi, pour bien comprendre quelles modifications
sont apportées par le jugement déclaratif d'absence aux
droits de l'époux présent ou du tuteur, il est nécessaire
d'exposer quels sont exactement ces droits pendant la
période de présomption d'absence. C'est ce que je vais
faire rapidement.

§ I. — *Période de présomption d'absence.*

Trois situations sont possibles qu'il faut envisager séparément :

a) Absence du mari ;

b) Absence de la femme ;

c) Absence simultanée du père et de la mère.

a) Absence du mari.

Il se peut d'abord que l'époux absent soit le mari ; la
femme, au contraire, est présente. Cette hypothèse est
régie par l'article 141 ainsi conçu : « Si le père a disparu
laissant des enfants mineurs issus d'un commun mariage, la mère en aura la surveillance, et elle exercera
tous les droits du mari, quant à leur indication et à
l'administration de leurs biens ».

Dans cet article, le législateur prévoit le cas le plus
fréquent : disparition du père, alors que la mère est vivante et présente. Des difficultés se sont élevées chez les
interprètes sur le caractère même des droits et pouvoirs
ainsi accordés à la mère. On s'est demandé si la mère
devient tutrice de ses enfants mineurs par suite de la
disparition du père, ou bien si, au contraire, c'est l'exercice de la puissance paternelle qui passe du père à la
mère. Si on adopte la première opinion, les biens de la
femme seront grevés d'une hypothèque légale au profit
de ses enfants. De plus on devra procéder à la nomina-

tion d'un subrogé-tuteur pour contrôler l'administration de la mère. On admet aujourd'hui très généralement que le pouvoir exercé par la femme, en cas d'absence présumée du mari, sur la personne et les biens de ses enfants ne constitue pas une tutelle. C'est l'exercice de la puissance paternelle qui passe à la mère présente. En effet, aux termes des articles 389 et 390 du Code civil, la tutelle ne s'ouvre qu'à la dissolution du mariage. Tant que celui-ci dure, c'est la puissance paternelle qui s'exerce seule. Or la déclaration d'absence ne prouve pas la mort du mari ; elle n'établit même pas une présomption de décès, comme nous l'avons montré. De plus, l'article 141 déclare seulement que la femme exercera *tous les droits du mari*. Or certainement le mari n'était pas tuteur. C'est donc bien l'exercice de la puissance paternelle qui passe à la mère, alors que le père disparaît.

Par suite la femme présente aura tous les droits qui découlent de la puissance paternelle sur la personne et les biens des enfants mineurs. C'est ce que nous dit l'article 141 qui vise l'éducation des enfants et l'administration de leurs biens. Reprenons rapidement les différents attributs de la puissance paternelle.

1° Droit de correction.

Comme corollaire du droit d'éducation, la loi accorde aux père et mère un droit extrêmement rigoureux qui consiste à faire emprisonner leur enfant, ou plutôt à le faire renfermer hors de la maison paternelle: c'est le droit de correction. Admettant en principe que la femme a l'exercice de tous les droits du mari, il faut lui reconnaître le pouvoir de faire incarcérer son fils. Mais elle ne pourra pas l'exercer de la même manière que le mari. Il faut appliquer ici la restriction imposée par l'article 381 à la femme veuve qui ne peut faire détenir son enfant qu'avec le concours des deux plus proches parents paternels. Cette restriction tient, en effet, au sexe. La loi a craint la faiblesse naturelle de la femme, son impressionnabilité, son peu d'habitude des affaires. Les raisons qui ont déterminé les mesures restrictives de l'article 381 existent dans notre hypothèse.

2° Droit de consentir au mariage.

L'article 141 n'accorde à la femme que les droits du mari qui sont relatifs à la surveillance et à l'éducation des enfants, ou bien à l'administration de leurs biens. Partant de là, on s'est demandé si l'article 148 exigeant le consentement des père et mère ou du père seulement en cas de dissentiment, pour le mariage des enfants, ne devait pas recevoir son application. En cas d'absence du mari, la femme de l'absent aura-t-elle le droit de consentir seule au mariage de ses enfants? Si on admettait la négative, cette solution aurait comme conséquence d'entraîner, pour un enfant mineur ayant son père ab-

sent, impossibilité absolue de contracter mariage. Bien
évidemment, le législateur cherche à favoriser les ma-
riages et non à les entraver. Aussi la jurisprudence et la
doctrine admettent généralement que la mère seule peut
donner, en notre matière, un consentement utile. On
peut argumenter en ce sens de l'article 149 ainsi conçu :
« Si l'un des époux est dans l'impossibilité de manifester
sa volonté, le consentement de l'autre suffit ». L'absence,
même non déclarée du père, constitue cette impossibilité.
L'enfant mineur qui désirera contracter mariage s'adressera au Tribunal qui, reconnaissant que le mari est en
état de présomption d'absence, autorisera la mère à donner seule un consentement valable au mariage.

3° Droit d'émanciper.

La femme de l'absent pourra-t-elle émanciper seule
ses enfants mineurs ? L'article 141 du Code civil ne nous
parle pas expressément du droit d'émanciper, pas plus
que de celui de consentir au mariage, comme nous l'a-
vons vu. Néanmoins, je crois que le droit d'émanciper
qui appartient au père seul, tant qu'il est investi de la
puissance paternelle, doit passer à la mère, non seulement lorsque le père est décédé, mais encore lorsqu'il se
trouve en état d'absence même simplement présumée.
Cette solution se justifie par le texte même de l'article 477. Les mots : *à défaut de père* qu'il contient sont
généraux et s'appliquent aussi bien dans le cas où le

père est dans l'impossibilité d'exercer la puissance paternelle qu'à l'hypothèse où il est décédé. La solution contraire irait, du reste, à l'encontre des intérêts de l'enfant. La mère qui voudra émanciper son enfant s'adressera donc au Tribunal pour qu'il soit statué sur l'état de présomption d'absence ; elle demandera ensuite l'application de l'article 477. Je sais bien qu'on a objecté contre notre solution que l'émancipation de l'enfant fait cesser l'usufruit légal appartenant au père (art. 384). Celui-ci va s'en trouver dépouillé par suite d'un acte de la mère. Mais je crois que l'intérêt de l'enfant doit l'emporter sur celui du père. En outre le père ne pourrait se plaindre que dans des hypothèses assez rares ; il faudrait supposer que le mineur a des biens personnels, et de plus qu'il n'a point encore atteint l'âge de 18 ans.

4° Droit de constituer une dot.

Je suppose une femme mariée sous le régime de la communauté légale ou de la communauté conventionnelle. Le Tribunal a admis la présomption d'absence et confié à la femme l'administration de tous les biens que gérait le mari lui-même. La femme pourra-t-elle, pour doter les enfants communs, disposer de ses biens propres, des biens communs, et de ceux du mari ?

1° En ce qui concerne les biens propres de la femme, il n'y a pas de difficultés. Certainement, avec l'autorisation du Tribunal, la femme de l'absent pourra constituer une dot à son enfant mineur.

2° Que faut-il décider pour les biens communs ? C'est là que commencent les difficultés. L'article 1427 du Code civil nous dit que la femme mariée sous le régime de la communauté peut, avec l'autorisation de justice, disposer des biens communs pour l'établissement des enfants, en cas d'absence du mari. Mais que faut-il entendre exactement par ce mot absence ? S'agit-il de l'absence présumée ou de l'absence déclarée ?

Pour soutenir que l'article 1427 vise seulement la période de présomption d'absence, on pourrait faire remarquer que pendant cette période le Tribunal n'intervient que sur la demande des parties intéressées, et en cas de nécessité absolue ; il n'ordonne que des mesures provisoires. Ce n'est que dans la seconde période que la loi s'occupe des intérêts des tiers. Néanmoins, j'estime qu'il faut autoriser la femme de l'individu simplement présumé absent à constituer une dot à son enfant avec les biens de la communauté. La solution contraire aurait, comme conséquence, lorsque la femme n'a pas de biens propres, de faire retarder et même de rendre impossible le mariage de l'enfant. La femme de l'individu absent, même pendant la période de présomption d'absence, pourra, pour doter son enfant commun, obliger la communauté, aliéner ou hypothéquer les biens qui la composent, avec l'autorisation de la justice. L'établissement des enfants communs constitue une véritable charge de la communauté. La femme qui y pourvoit fait ce que le mari aurait dû faire, s'il avait été présent.

3° En ce qui concerne les biens propres du mari, je ne crois pas qu'on puisse aller jusqu'à permettre à la femme de donner en dot des biens appartenant en propre au mari. On l'a soutenu cependant, notamment M. Demolombe qui s'exprime en ces termes : « La femme seule, dit-il, peut consentir au mariage de ses enfants. Comme conséquence elle doit pouvoir les doter... On l'autorise à donner en dot des biens communs, parce qu'elle peut aliéner ces mêmes biens pour payer une dette de communauté. Or elle peut aussi aliéner des propres du mari avec l'autorisation de justice pour payer une dette de communauté ».

Sans doute la constitution de dot faite en biens propres appartenant au mari peut avoir des avantages, mais elle aurait des inconvénients beaucoup plus grands. Pendant la période de présomption d'absence on peut toujours compter sur le retour de l'absent. Si celui-ci revient, il trouvera ses biens irrévocablement perdus. Sa situation pécuniaire sera peut-être complètement changée. Il est impossible de reconnaître de pareils droits à la femme de l'absent.

5° Droit d'administrer les biens des enfants mineurs.

A cet égard, l'article 141 nous dit : « La mère exercera tous les droits du mari quant à l'administration des biens des enfants mineurs ».

Cette disposition ne peut laisser place à aucun doute. Sur les biens de ses enfants mineurs, la mère a le droit d'administration qui appartient au père (art. 389). De plus, la femme présente pourra administrer sans être obligée de recourir à l'autorisation de justice, pour accomplir les différents actes que la gestion comporte. La solution contraire rendrait, en effet, toute administration impossible. Du reste, dans tous les cas où la loi autorise la femme à administrer son propre patrimoine, la femme n'a pas besoin d'une autorisation spéciale de la justice pour chaque acte d'administration (art. 223, 1449, 1536, 1575 du Code civil, art. 5 du Code de commerce). Peu importe le régime sous lequel la femme est mariée. La jurisprudence est en ce sens (1).

6° Droit de bénéficier de l'usufruit légal accordé par la loi
au père sur les biens de ses enfants mineurs.

Aux termes de l'article 384 : « le père, durant le mariage, et après la dissolution du mariage le survivant des père et mère, auront la jouissance des biens de leurs enfants jusqu'à l'âge de 18 ans accomplis ou jusqu'à l'émancipation qui pourrait avoir lieu avant l'âge de 18 ans ».

____

(1) **Trib.** Seine, 12 juillet 1882, jugement rapporté dans le journal *La Loi*, du 25 août 1882.

R. 17

Par ses termes, l'article précité semble n'accorder l'usufruit légal à la mère qu'*après la dissolution du mariage*. Néanmoins, je crois que la loi a statué ici simplement sur l'hypothèse ordinaire, *de eo quod plerumque fit*. Elle n'a pas prévu le cas assez rare d'absence du mari. Par conséquent les termes de l'article 384 ne font pas du tout obstacle à ce que la femme présente ait sur les biens de ses enfants mineurs le droit de jouissance légale de l'article 384. N'est-il pas juste, du reste, qu'elle ait les émoluments d'une administration dont elle supporte les charges ? C'est l'opinion générale.

b) Absence de la mère.

Si la mère disparaît, le père étant présent, aucune difficulté ne peut surgir. Rien n'est changé à la situation du père par rapport à ses enfants. Il continuera d'exercer au même titre tous les droits découlant de la puissance paternelle. Le législateur n'avait donc point à se préoccuper de cette situation.

c) Absence ou disparition simultanée des père et mère.

Il se peut que l'un des époux soit déjà décédé au moment de la disparition de l'autre, ou qu'il vienne à décéder pendant la période de présomption d'absence. On peut supposer également que les deux conjoints sont simultanément en état d'absence.

Cette situation est régie par l'article 142 du Code civil, ainsi conçu : « Six mois après la disparition du père, si la mère était décédée lors de cette disparition, ou si elle vient à décéder avant que l'absence du père ait été déclarée, la surveillance des enfants sera déférée par le conseil de famille aux ascendants les plus proches, et à leur défaut à un tuteur provisoire ».

Ainsi, dans l'hypothèse que nous prévoyons, le conseil de famille défère aux ascendants les plus proches la surveillance des enfants. A défaut d'ascendants, on nomme un tuteur provisoire. Toutefois, comme l'absent pourrait revenir, ces mesures ne sont prises que six mois après sa disparition.

On s'est demandé si l'administration légale établie par l'article 142 avait le caractère d'une véritable tutelle. Quelques auteurs, M. Demolombe notamment (1), prétendent qu'il faut distinguer entre les ascendants et le tuteur provisoire nommé à leur défaut. D'après eux, les ascendants n'auraient que « *la surveillance* » des enfants, selon l'expression même employée dans l'article 142. Ils ne seraient pas véritablement tuteurs. Par suite il n'y aurait pas lieu à la nomination d'un subrogé-tuteur ni à la constitution d'une hypothèque légale. Ce n'est qu'à défaut d'ascendants qu'une véritable tutelle serait organisée.

Je ne crois pas, pour ma part, que l'on doive établir cette distinction basée uniquement sur le mot « *sur-*

(1) T. 2, nᵒˢ 321 et 322.

veillance » qui figure dans l'article 142. L'argument, en effet, n'est pas concluant, car l'article 142 applique cette même expression, à la fois à la mission conférée à un ascendant, et à celle qui est dévolue à un étranger. Aussi la plupart des auteurs et la jurisprudence admettent aujourd'hui qu'il s'agit ici d'une véritable tutelle. Par conséquent, les biens des ascendants devenus ainsi tuteurs sont grevés d'une hypothèque légale. De plus il y a lieu de nommer un subrogé-tuteur.

Au cas de disparition simultanée des parents, l'article 142 s'appliquera également par analogie ; la tutelle sera organisée six mois après la disparition.

De même, lorsque le conjoint qui disparaît était remarié et laisse des enfants mineurs d'un premier lit, il faut appliquer les règles de l'article 142. C'est ce que dit formellement l'article 143 ainsi conçu : « Il en sera de même dans le cas où l'un des époux qui aura disparu, laissera des enfants mineurs issus d'un précédent mariage ». Je n'insiste pas davantage sur ce point, pour arriver à la seconde période de l'absence.

§ II. — *Modifications apportées par le jugement de déclaration d'absence aux droits de l'époux présent ou du tuteur sur les enfants mineurs.*

Le jugement qui déclare l'absence vient apporter des modifications assez importantes à la situation que nous venons d'exposer. Je vais examiner ces diverses modifications en reprenant l'ordre déjà suivi.

1ʳᵉ Hʏᴘᴏᴛʜèsᴇ. — Je suppose qu'un jugement déclaratif d'absence quant au père vient d'être rendu. La mère, avons-nous dit, n'était pas tutrice pendant la période de présomption d'absence. On se demande si la déclaration d'absence ne donne pas ouverture à une véritable tutelle, impliquant nomination d'un subrogé tuteur et hypothèque légale grevant les biens de la femme.

Sur ce point trois systèmes ont été soutenus :

1° L'article 141 continue d'être applicable, c'est-à-dire que l'époux présent conserve pendant la seconde période le titre et les pouvoirs qu'il avait antérieurement. Il faut, en d'autres termes, maintenir, après la déclaration d'absence, la même situation que pendant la période de présomption d'absence.

2° En principe la déclaration d'absence donne lieu à l'ouverture de la tutelle. Il n'y a qu'une exception relative au cas où le conjoint présent opte pour la continuation de la communauté.

3° Toujours et en tous cas la tutelle s'ouvre après la déclaration d'absence.

Le premier système semble abandonné de nos jours. C'était celui de Duranton, de de Plasman. C'est encore celui de Laurent.

La seconde opinion est soutenue par Marcadé et Demante. Elle s'appuie sur une argumentation très forte.

La femme, dit-on, demande la **continuation de la com**munauté. Elle ne peut évidemment baser cette prétention que sur une présomption de vie. Si dónc **le mari** n'est pas présumé mort, et si par suite sa **succession** n'est point déclarée provisoirement ouverte, il ne peut y avoir lieu à l'ouverture d'une tutelle. Les enfants resteront sous la surveillance de leur mère, et quant à leurs **biens**, ils n'auront besoin d'aucune garantie, parce qu'ils ne recueilleront **rien de leur père.**

La troisième opinion est soutenue par Delvincourt, Valette, Demolombe, Aubry et Rau. L'exception formulée par le système précédent pour le cas où le conjoint présent opte pour la **continuation de la communauté,** n'existe, dit-on, dans aucun texte. Elle est basée surtout sur le défaut d'intérêt que trouveront les enfants à l'ouverture d'une tutelle. Ils y trouveront peu d'intérêt, c'est vrai. Cependant ils peuvent avoir des biens personnels qui devront être nécessairement garantis, et même en dehors de ce cas un tuteur ou subrogé tuteur peut surveiller utilement la gestion des biens communs par la femme.

Je crois, quant à moi, que la seconde opinion est préférable. L'exception que j'admets avec elle au principe de l'ouverture de la tutelle n'est, dit-on, basée sur aucun texte. C'est vrai. Mais, malheureusement, les dispositions de la loi qui concernent ce point manquent beaucoup de clarté et de précision. Il ne faut pas tant faire dire à des mots ce qu'ils ne veulent pas dire que de dégager de l'ensemble l'intention du législateur. Or ce qu'il a voulu, c'est maintenir à la femme mariée, abandonnée par son mari, la situation qu'elle avait. Il a basé ce *statu quo* sur une présomption de vie qui serait en contradiction évidente avec l'ouverture d'une tutelle.

La femme présente, sauf cette exception, devient donc tutrice de ses enfants, et, en cette qualité, elle a sur ses enfants tous les droits qui lui sont confiés au titre de la tutelle. Elle ne pourra exercer le droit de correction que dans les conditions de l'article 381. A ce point de vue, ses droits ne seront donc point modifiés par le jugement déclaratif d'absence.

Quant au droit pour la femme présente de consentir seule au mariage de ses enfants mineurs, elle le conserve évidemment.

Nous avons dit que, pendant la période de présomption d'absence, la femme pouvait, avec l'autorisation de justice, disposer de ses biens propres pour l'établissement de ses enfants. Nous lui avons même reconnu le droit de disposer, avec l'autorisation de la justice, des biens appartenant à la communauté. Après la déclaration d'absence, aucun doute ne peut s'élever sur ces solutions. L'article 1427 déclare formellement que la femme peut disposer des biens communs.

Mais, en sens inverse, la femme, après le jugement déclarant l'absence, ne pourra pas plus qu'auparavant disposer des biens appartenant au mari. Mais les inconvénients de cette solution seront alors bien minimes. La mère, en effet, en renonçant à la continuation de la communauté, arrivera à mettre ses enfants en possession provisoire des biens de l'absent.

Quant au droit d'émanciper ses enfants mineurs, nous l'avons reconnu à la mère pendant la première période de l'absence. A plus forte raison, doit-on lui reconnaître ce droit pendant la seconde période.

En ce qui concerne les pouvoirs d'administration sur les biens appartenant aux mineurs et le droit à l'usufruit légal, le jugement déclaratif d'absence ne viendra apporter aucune modification. La femme pourra toujours faire les actes d'administration. De plus, elle continuera à avoir sur les biens de ses enfants mineurs le droit de jouissance légale de l'article 384.

Si, en cas de disparition du père, la mère étant déjà décédée, un ascendant a été désigné par le conseil de famille pendant la période de présomption d'absence, conformément à l'article 142, pour exercer la surveillance des enfants, j'ai dit que ce pouvoir, à mon avis, avait le caractère d'une véritable tutelle, mais que plusieurs auteurs pensaient au contraire qu'on ne devait voir là qu'un droit de simple surveillance. Pour ces jurisconsultes, la déclaration d'absence viendra apporter une modification très importante. Elle donnera certainement ouverture à une véritable tutelle. L'article 142, en effet, ne peut recevoir application, d'après ses termes mêmes, que dans la première période. Pendant la seconde période, celle de déclaration d'absence, si la mère est décédée et le mari déclaré absent, le droit commun, en matière de tutelle, devient forcément applicable.

2ᵉ HYPOTHÈSE : *Absence de la mère*. — Je suppose maintenant que c'est la mère qui a disparu. Pendant la première période, avons-nous dit, la situation du mari n'est pas changée. Une fois la déclaration d'absence prononcée, le mari devra opter pour la continuation ou la dissolution de la communauté. S'il prend le premier parti, le jugement déclaratif d'absence n'apportera aucune modification à ses droits. Si, au contraire, le mari opte pour la dissolution, la tutelle sera ouverte. Un état liquidatif sera dressé et les enfants seront envoyés en possession de tous les biens appartenant à leur mère. Un subrogé tuteur sera nommé, et tous les biens du père seront grevés d'une hypothèque légale. Le père, devenu tuteur, continuera d'avoir la jouissance légale des biens de ses enfants, conformément à l'article 384 du Code civil.

3ᵉ HYPOTHÈSE : *Absence simultanée des père et mère*. — Les enfants se trouvent ainsi privés de la protection sur laquelle ils étaient en droit de compter. Dans ce cas, l'article 142, avons-nous dit, recevra son application.

Une tutelle sera organisée, et la déclaration d'absence ne modifiera en rien cette situation.

On peut rapprocher de cette hypothèse le cas où le conjoint absent était remarié et avait des enfants d'un précédent mariage. La protection du beau-père ou de la belle-mère n'est point une protection suffisante. L'article 143 nous dit qu'il y aura lieu encore à l'organisation d'une tutelle que ne viendra modifier en rien le jugement de déclaration d'absence.

B. — Enfants majeurs.

Dans deux hypothèses, l'absence peut intéresser les enfants majeurs. C'est d'abord le cas où ils doivent obtenir le consentement de leurs père et mère pour le mariage, et ensuite celui de l'adoption.

a) Mariage. — Aux termes de l'article 148, le fils avant 25 ans ne peut se marier sans le consentement de ses père et mère, et, en cas de dissentiment, de son père seulement. Si les père et mère sont dans l'impossibilité de manifester leur volonté, l'article 150 permet aux aïeux et aïeules de les remplacer. Si tous les ascendants (art. 160) sont dans l'impossibilité de donner leur consentement, ce consentement devra être demandé au conseil de famille.

Pour les actes respectueux, il en est de même. Il n'y

aura donc sur ce point aucune difficulté. Pendant la première période de l'absence, un acte de notoriété sera dressé pour constater l'absence et prouver l'impossibilité où est le majeur de rapporter le consentement au mariage exigé par la loi. Après la déclaration d'absence prononcée, il suffira de représenter le jugement déclaratif.

b) Adoption. — L'article 346 du Code civil nous dit que le mineur de 25 ans doit rapporter le consentement donné à l'adoption de ses père et mère, ou du survivant. Cet article est commun à la fille et au fils. Il exige le consentement du père et de la mère.

On s'est alors demandé si le consentement du père ou de la mère serait suffisant en cas d'absence de l'autre époux. « C'est, nous dit M. Demolombe, dans un intérêt de tendresse et de famille, et aussi dans leur propre intérêt que le législateur exige à la fois le consentement du père et de la mère ». Evidemment la loi n'a point songé à l'absent dans l'article 346. Il ne faut donc pas tant interpréter à la lettre cet article que rechercher quel a été son esprit. On pourrait peut-être, pendant la première période de l'absence, refuser l'adoption. Mais, une fois la déclaration d'absence prononcée, il serait inique de priver le mineur de 25 ans des avantages que peut lui conférer un tel acte. Je crois donc que l'article 346 doit s'appliquer en notre matière.

CHAPITRE VII

DROIT COMPARÉ.

Maintenant que nous avons étudié les dispositions de
notre législation relativement aux effets de la déclaration d'absence, il importe d'indiquer d'une façon générale les solutions données à cet égard par les principales
législations étrangères. On peut y trouver des enseigne-
ments utiles. Nous diviserons ces législations en deux
groupes, comprenant le premier les pays qui ont suivi
ou suivent encore à cet égard les règles de notre Code
civil, le second les pays qui, au contraire, n'ont pas subi
l'influence de notre législation et dont les règles sur l'absence s'écartent sensiblement de celles de notre Code
civil français.

Premier groupe.

Belgique. — Alsace-Lorraine. — Italie.

Belgique. — Les dispositions du Code civil français
sur l'absence sont restées en vigueur en Belgique sans
aucune modification. Toutefois, M. Laurent propose de
modifier profondément les règles du Code belge, dans

son avant-projet de revision du Code civil, rédigé sur la demande du ministre de la justice belge (Livre I, t. IV, art. 112 à 139). Il propose une réforme radicale consistant à supprimer la période d'envoi en possession provisoire. D'après lui, il n'y aurait plus que deux périodes de l'absence : celle de la présomption d'absence, et celle de l'envoi en possession des biens.

La première période durerait cinq ou onze ans conformément à la règle admise par le Code civil. Pendant ce temps les biens de l'absent ne pourraient être aliénés ou hypothéqués que dans les cas où les biens des mineurs peuvent l'être. Le rôle de la justice doit se borner simplement à prescrire les mesures nécessitées par l'administration des biens de l'individu présumé absent.

M. Laurent propose, une fois cette première période écoulée, d'envoyer en possession des biens de l'absent les héritiers présomptifs de ce dernier, *ab intestat*, testamentaires ou contractuels. Cet envoi, d'après le projet de M. Laurent, serait définitif dès l'origine. Les héritiers présomptifs de l'absent se partageraient les biens de ce dernier, conformément aux principes régissant les successions. Toutefois, comme garantie, les héritiers présomptifs ne seraient envoyés en possession que sous la condition expresse de fournir caution pour la restitution des biens ou de leur valeur. D'autre part M. Laurent propose de limiter à dix années la durée du cautionnement, tandis que, d'après le Code civil français, le cau-

tionnement dure trente ans, pendant toute la période de
l'envoi provisoire.

Le projet de M. Laurent est fondé sur une idée exacte,
sur laquelle nous reviendrons plus loin : c'est qu'aujourd'hui le nombre des absents va en diminuant sans
cesse. Avec l'extension des relations internationales il
est aujourd'hui facile d'être fixé d'une façon certaine sur
le sort véritable des individus, sur leur existence ou
leur décès.

Alsace-Lorraine. — Les dispositions du Code civil
français sur l'absence ont également conservé leur application en Alsace-Lorraine. Toutefois, à la suite des évé-
nements de 1870, quelques dérogations ont été apportées à cette législation par une loi spéciale du 21 octobre
1873 relative à la déclaration d'absence des personnes
ayant pris part à la dernière guerre entre la France et
l'Allemagne. Parmi ces dispositions d'un caractère exceptionnel, la seule intéressante à rapporter est celle qui
autorise le conjoint de l'absent à contracter une nouvelle union (art. 7) (V. *Annuaire de législation compa-
rée*, 1874, p. 556).

Italie. — La matière de l'absence est aujourd'hui réglementée en Italie par le nouveau Code civil, en vigueur depuis le 1er janvier 1866. La remarque générale
qui se dégage de l'analyse de ce nouveau Code, c'est que
ses dispositions sont, sur la plupart des points, semblables à celles de notre loi. On ne peut guère signaler que

des différences de détail sans grand intérêt. Ainsi, d'après la législation italienne, c'est après trois ou six ans d'absence présumée, suivant qu'il y avait ou non un mandataire laissé par l'absent, que les intéressés peuvent provoquer de la part du Tribunal une déclaration d'absence (art. 22). Comme on le voit, la loi italienne a abrégé le délai exigé par la loi française qui est de quatre ou de dix ans.

Une fois la déclaration d'absence prononcée, les héritiers légitimes ou testamentaires peuvent se faire envoyer en possession provisoire des biens de l'absent, à charge de fournir caution ou d'autres satisfactions équivalentes. Ils ont alors, comme dans le système de notre Code, l'administration et la jouissance des biens de l'absent sous certaines conditions. Ainsi, lorsque les envoyés sont parents de l'absent jusqu'au sixième degré, ils doivent réserver le cinquième des revenus pendant les dix premières années d'absence et, pendant les vingt suivantes, le dixième. S'ils sont des parents plus éloignés ou s'ils ne sont pas parents du tout, ils ont à réserver le tiers des revenus pendant les dix premières années, et ensuite, le sixième. Passé trente ans, la totalité des revenus appartient en tous cas aux envoyés en possession (art. 31).

Si, pendant la possession provisoire, l'absent revient, ou que son existence soit constatée, les effets de la déclaration d'absence cessent (art. 33). D'autre part, si, pendant cette même période, le décès de l'absent vient à être prouvé, on règle alors définitivement la succession de l'absent, en se reportant à l'époque de son décès (art. 34).

Toutes ces solutions sont celles de notre Code civil, sauf quelques légères différences relatives à la quotité des fruits que les envoyés en possession doivent réserver pour être restituée éventuellement à l'absent.

Toutefois, la situation faite, pendant la période d'envoi en possession provisoire, au conjoint de l'absent est différente de celle qui lui est faite par notre loi. D'après le Code italien de 1866, on liquide provisoirement les droits du conjoint de l'absent, tels qu'ils résultent des conventions de mariage. De plus, en cas de besoin, le conjoint peut obtenir une pension alimentaire (art. 26 *in fine*). Il n'est donc plus question du droit d'option accordé à l'époux commun en biens par l'article 124 du Code civil français.

A la période d'envoi en possession provisoire succède la période d'envoi en possession définitive. Les règles de la loi italienne sont sur ce point identiques à celles de la nôtre.

Deuxième groupe.

Pays de droit germanique. — Angleterre. — Écosse.

1° Pays de droit germanique (Allemagne, Autriche, Suisse allemande, Bavière, etc.).

Le droit germanique édicte, relativement à l'absence, des règles qui diffèrent profondément de celles du droit français.

Il distingue deux périodes dans l'absence.

Pendant un certain temps variable, qui constitue une période d'incertitude, on confie à un curateur les intérêts de l'absent qui est *vermisst*. C'est le système suivi notamment par le Code autrichien, article 358 ; le Code prussien, I, 1, § 38 ; le Code du royaume de Saxe ; par une loi du royaume de Bavière du 23 février 1879, art. 94 à 97 (1) ; et par la législation de plusieurs cantons suisses (Code de Zurich, art. 12 ; Code du canton des Grisons, art. 7 ; Code du canton de Glaris, art. 4, etc.).

Cette première période est suivie d'une autre pendant laquelle l'absent est réputé mort, *verschollen*. Sur la demande des personnes intéressées, le Tribunal prononce, après enquête, une déclaration de décès, *Todeserklæ-rung*. Pour cela, il faut prouver un ensemble de circonstances rendant très vraisemblable la mort de l'absent : par exemple, on peut alléguer l'âge très avancé qu'aurait l'absent (80 ans d'après la législation autrichienne) ; le fait qu'il a disparu dans une bataille ; qu'il n'a pas répondu à plusieurs sommations de se présenter, etc.

La déclaration judiciaire du décès par le Tribunal produit des effets très importants. A partir de ce moment la femme de l'absent est réputée veuve. La succession

(1) *Annuaire de législation étrangère*, 1879, p. 205 et s.

de l'absent est considérée comme ouverte, et ses héritiers se la partagent. Si, postérieurement à la déclaration de décès, l'absent reparaît, il ne peut se faire restituer que ce qui subsiste de ses biens.

Il convient de signaler tout spécialement à cet égard, une loi du 23 février 1879, promulguée en Bavière, à laquelle nous avons déjà fait allusion, et qui permet aux personnes intéressées d'obtenir *la déclaration de mort* de l'absent, déclaration produisant tous les effets d'un décès régulièrement constaté (art. 103 à 118 de cette loi) (1).

En Autriche, lorsque l'absent a laissé son conjoint, celui-ci ne peut se remarier qu'après avoir obtenu du Tribunal un jugement déclarant que le mariage doit être considéré comme dissous (Code civil autrichien, art. 112 à 114) (2).

2° Angleterre, Ecosse, etc.

Angleterre. — Dans ce pays, le *common law*, c'est-à-dire le droit commun coutumier, est muet sur la matière de l'absence. Elle a été réglementée et fixée par la jurisprudence.

Les tribunaux anglais admettent, à cet égard, qu'on doit présumer décédé l'individu qui est absent depuis sept ans sans avoir donné de ses nouvelles, ou sans qu'on en ait reçu indirectement. Les héritiers de la personne

(1) *Annuaire de législation étrangère*, 1879, p. 204 et s.
(2) *Annuaire de législation étrangère*, 1883, p. 334.

absente peuvent alors obtenir de la justice, après certaines mesures de publicité, la jouissance de tous les biens meubles et immeubles de l'absent.

Puis après quatorze ans d'absence, c'est-à-dire après une nouvelle période de sept années, les héritiers de l'absent peuvent se faire envoyer en possession des biens mobiliers de ce dernier, et ils en acquièrent ainsi la libre disposition. Enfin, lorsque vingt ans se sont écoulés à partir de la disparition, les héritiers se font envoyer en possession des immeubles qui deviennent entre leurs mains de libre disposition.

Les fruits sont irrévocablement acquis aux envoyés en possession. Mais, si l'absent reparaît, les héritiers doivent restituer les biens, ou leur prix, s'ils ont été aliénés, à la condition qu'il ne se soit pas écoulé treize ans depuis l'envoi en possession des meubles ou des immeubles.

Ecosse. — Jusque dans ces derniers temps, en Ecosse, la théorie de l'absence était organisée d'une manière très défectueuse par la jurisprudence de ce pays. Un acte du 22 août 1881 est venu introduire dans la législation écossaise les règles déjà admises par la pratique en Angleterre (1). Aussi nous nous contentons de renvoyer ici aux renseignements que nous avons fournis plus haut relativement à la législation anglaise.

____

(1) V. *Annuaire de législation étrangère*, 1882, p. 75 et s. ; Glasson, *Histoire du droit et des institutions de l'Angleterre*, t. 6, § 278, p. 147.

Portugal. — Dans ce pays, les règles sur l'absence sont contenues dans le Code civil de 1867 (art. 56 à 96). Voici le système général qu'il consacre.

Lorsqu'un individu a disparu de son domicile le Tribunal nomme un curateur pris de préférence parmi les héritiers présomptifs et chargé de veiller sur le patrimoine de la personne disparue.

Ce curateur ne peut faire que des actes de simple administration et les actes conservatoires. De plus il doit rendre un compte annuel de sa gestion.

Quatre ans après la disparition de l'absent ou les dernières nouvelles reçues de lui, ses héritiers légitimes ou testamentaires peuvent demander l'envoi en possession des biens. Les héritiers ou autres intéressés envoyés en possession dressent préalablement un inventaire et fournissent caution. Ils exercent tous les droits qui appartenaient à l'absent avant sa disparition ou à la date des dernières nouvelles.

Quant aux droits éventuels qui peuvent s'ouvrir au profit de l'absent, ils sont dévolus aux personnes qui auraient pu y prétendre si l'absent était mort, le tout à charge de donner caution.

Enfin les envoyés en possession ont le droit de conserver le quart, la moitié, ou même la totalité des revenus des biens de l'absent, suivant que ce dernier reparaît dans un délai de 10 ans, de 20 ans ou plus éloigné.

L'envoi en possession cesse par l'expiration d'une période de 20 ans, ou au moment où l'absent atteindrait l'âge de 95 ans. Dès lors ceux qui ont été envoyés en possession peuvent disposer librement des biens de l'absent, comme des leurs. De plus, après une nouvelle période de dix années, si l'absent reparait, il est déchu de tous droits.

CONCLUSION

Maintenant que nous avons retracé les règles de notre
Code civil sur les effets de la déclaration d'absence, nous
pouvons les apprécier au point de vue législatif. La courte
étude de droit comparé que nous venons de faire nous
montre que les législations des autres pays ont tendance
à admettre un système différent de celui de notre Code
civil. Elles restreignent souvent beaucoup les mesures
protectrices prises par notre loi dans l'intérêt de l'absent. Elles tendent en général à restreindre ces longues
périodes de temps pendant lesquelles les droits des héritiers présomptifs de l'absent restent en suspens.

Nous croyons que c'est avec raison. Le système établi
en 1804 par les rédacteurs du Code civil ne correspond
plus exactement avec l'état actuel de la civilisation. Ces
dispositions sont aujourd'hui un peu surannées. Elles
datent d'une époque où les communications étaient rares
et difficiles. Dans l'état actuel des choses, une personne
qui a disparu ne peut être, pendant plusieurs années,
dans l'impossibilité absolue de donner de ses nouvelles.
Chaque jour les relations internationales s'étendent
et deviennent plus faciles. Le nombre des absents doit
corrélativement aller tous les jours en diminuant. C'est

ce que nous montrent les recueils de jurisprudence ; le nombre des arrêts relatifs à des absents diminue chaque année. Il faudrait donc modifier les règles de notre Code sur l'absence, ouvrir beaucoup plus vite le droit des héritiers d'une personne disparue. Au bout de quelques années seulement, la loi devrait déclarer ces héritiers propriétaires des biens de l'absent, sous l'obligation de fournir caution. Il suffirait d'établir deux périodes dans l'absence, comme le propose M. Laurent dans son avant-projet (1) : la période de présomption d'absence, et celle de l'envoi en possession des biens qui serait définitif dès l'origine.

(1) T. 1, p. 289 et suiv.

POSITIONS

Positions tirées de la thèse latine.

I. — Pour les jurisconsultes romains, *le furiosus* était le fou proprement dit ; le *demens* ou *mente captus* le faible d'esprit.

II. — Le droit romain ancien, en organisant la curatelle du prodigue, avait exclusivement en vue l'intérêt de la famille civile.

III. — Il y a eu controverse entre les jurisconsultes romains sur le point de savoir, si le prodigue interdit pouvait s'obliger naturellement (L. 6. D., *de verb. oblig.*, XLV, 1 ; et L. 25, D., *de fidej.*, XLVI, 1).

IV. — Dans le dernier état du droit romain, la curatelle légitime des agnats du prodigue et du fou s'est transformée en curatelle dative.

Tirées de la thèse française.

I. — La déclaration d'absence n'établit pas une présomption de mort contre l'individu déclaré absent.

II. — En cas d'absence, lorsque l'époux présent a contracté un nouveau mariage, la nullité de ce mariage en cas de retour de l'absent ou lorsqu'on aura reçu des nouvelles de ce dernier, pourra être demandée non seulement par l'absent, mais aussi par le ministère public et toutes les personnes de l'article 184 du Code civil.

III. — Le pouvoir que la femme exerce, en cas d'absence présumée de son mari, sur la personne et les biens de ses enfants n'est pas une tutelle.

IV. — Les envoyés en possession provisoire peuvent donner librement à bail les biens de l'absent, sans être obligés de se conformer aux dispositions restrictives des articles 1429 et 1430 du Code civil.

DROIT ROMAIN.

I. — La simple convention de donner à cause de mort ne suffit pas sous Justinien pour créer une obligation.

II. — La mancipation, mode de transfert obligatoire pour les *res mancipi*, pouvait aussi être employée facultativement pour les *res nec mancipi*.

III. — Dans les idées romaines, les *res mancipi* étaient les choses qui constituaient la seule richesse véritable, et comme les Romains étaient un peuple d'agriculteurs, ils regardaient comme les choses les plus précieuses, celles qui servaient au travail de la terre.

IV. — La mancipation a été, à l'origine, la forme primitive de la vente à Rome.

DROIT CIVIL.

I. — Il n'est pas nécessaire que les travaux exigés par l'article 642 du Code civil, pour faire courir la prescription acquisitive d'une source au profit de l'héritage inférieur, soient exécutés sur le fonds même où jaillit la source.

II. — Le défaut d'accomplissement des formalités prescrites par les articles 934 et 935 du Code civil pour l'acceptation des donations faites en faveur des incapables n'engendre qu'une nullité relative.

III. — Le droit du preneur à bail est un droit purement personnel.

IV. — La nullité de la vente de la chose d'autrui peut être proposée non seulement par l'acheteur, mais aussi par le vendeur. De plus, elle n'est pas couverte par la ratification du véritable propriétaire.

DROIT DES GENS.

I. — Il faut limiter l'effet de l'extradiction aux délits pour lesquels elle a été obtenue.

II. — L'occupant n'a pas le droit de forcer un habitant du territoire occupé à lui servir de guide.

III. — L'État qui commence une guerre offensive est tenu, avant de recourir aux armes, de faire une déclaration de guerre.

DROIT CONSTITUTIONNEL.

I. — L'assemblée nationale, réunie pour reviser la constitution, n'a que des pouvoirs limités. Elle ne peut statuer que sur les points qui ont été choisis à l'avance par les Chambres.

II. — Dans notre constitution, les droits des deux Chambres sont égaux en matière de finances, comme en toute autre matière, sous cette restriction que le projet du budget doit être proposé d'abord à la Chambre des députés.

III. — Les membres du Parlement jouissent de l'immunité parlementaire, dès le jour de l'élection, avant la vérification des pouvoirs.

Imp. G. Saint-Aubin et Thevenot, St-Dizier. 30, passage Verdeau, Paris.

TABLE DES MATIÈRES

———

DROIT ROMAIN

DE LA CURATELLE DU PRODIGUE ET DU FOU ENVISAGÉE AU POINT DE VUE HISTORIQUE.

DROIT FRANÇAIS

EFFETS DE LA DÉCLARATION D'ABSENCE.

Imp. G. Saint-Aubin et Thevenot, Saint-Dizier (Hte-Marne). 30, passage Verdeau, Paris

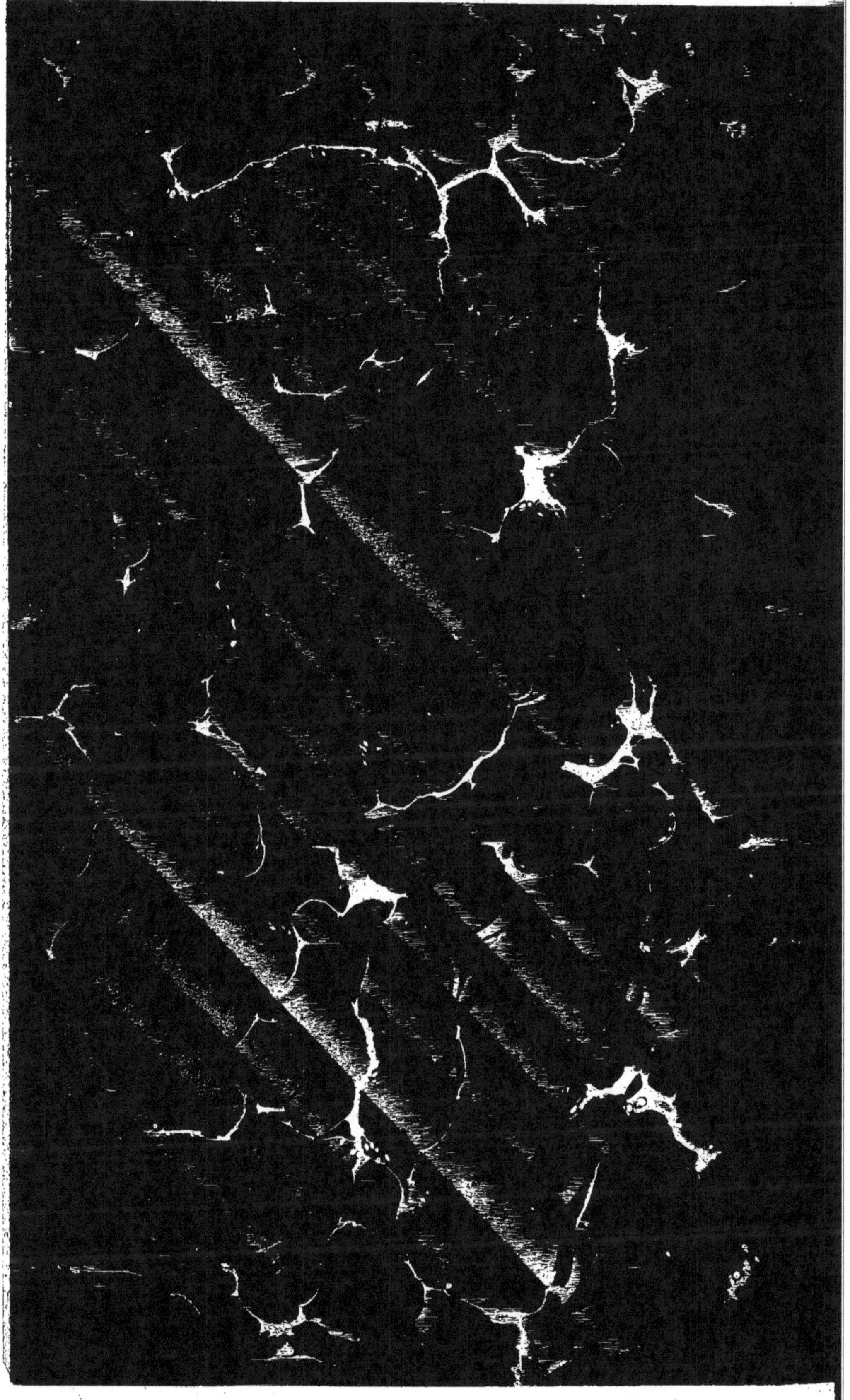

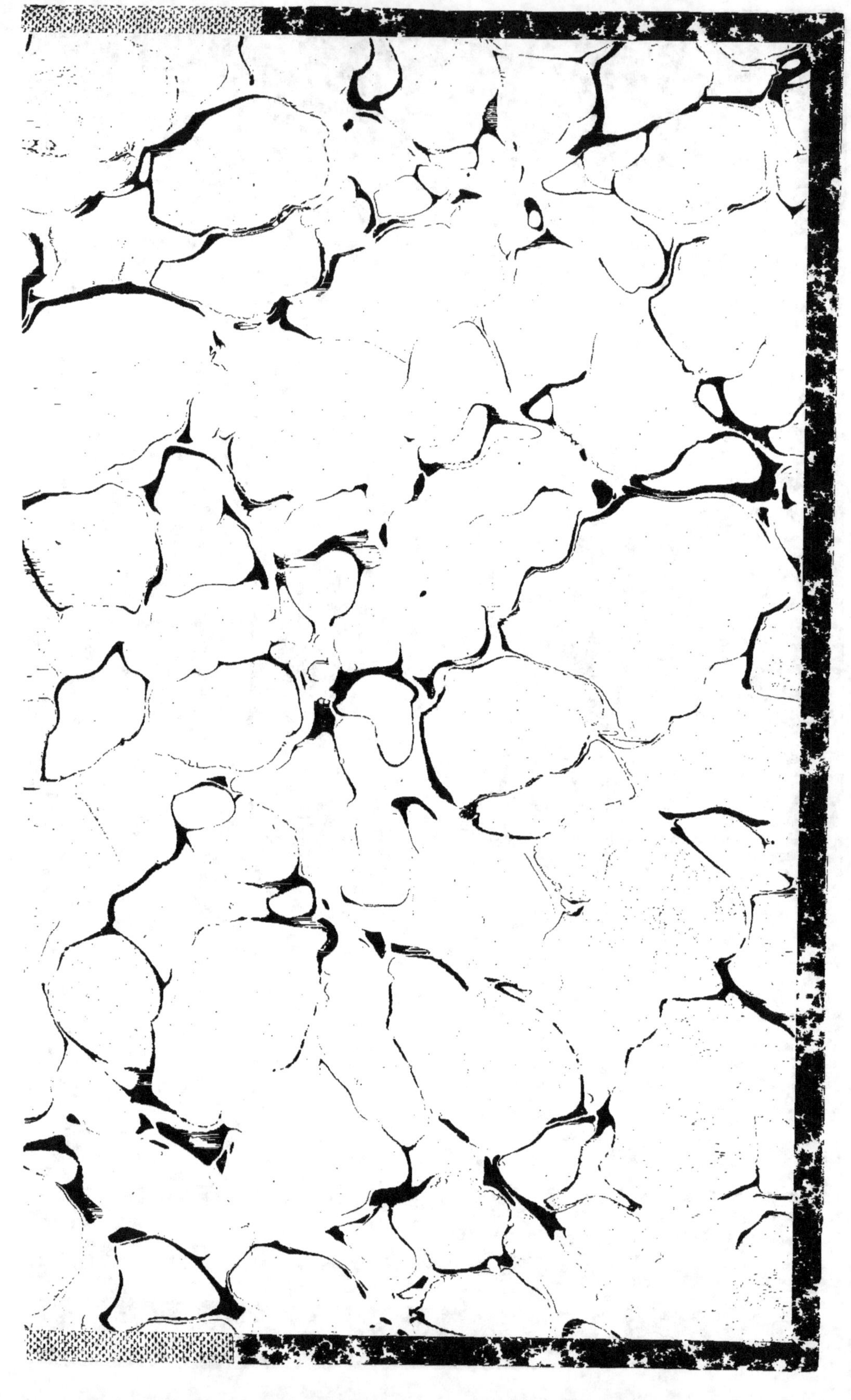

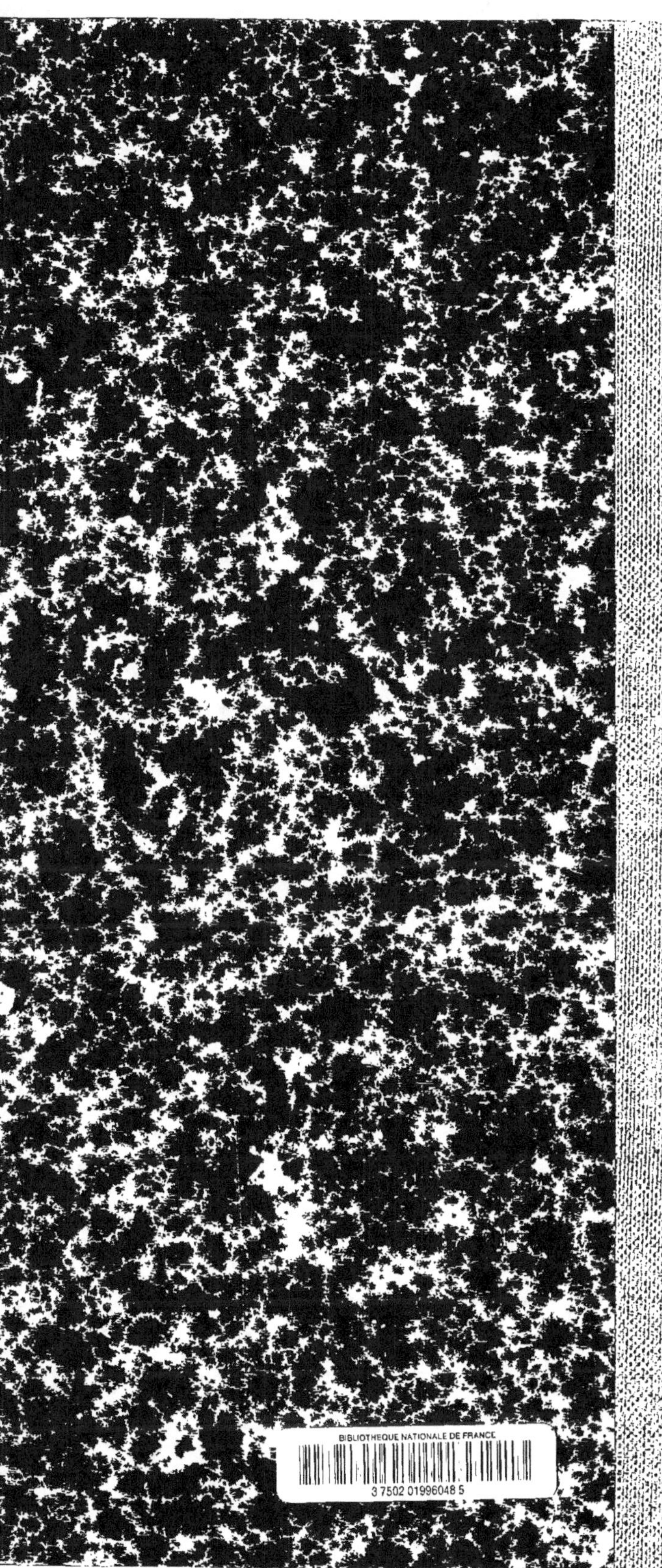